# So schmeckt Liebe

Luisa Zerbo

So
schmeckt
Liebe

Gesundes Soulfood,
das dich
glücklich macht

KNESEBECK

# Kochen mit …

… einer Prise Liebe. Ohne kann ich das Kochen auch nicht genießen, noch weniger das Essen. Schon früh verliebte ich mich ins Kochen. Meine ersten Versuche wagte ich mit Suppen, damals muss ich sechs oder sieben Jahre alt gewesen sein. Dass mein sizilianischer Vater ein Restaurant betrieb, sollte erst später mein Schicksal mitbestimmen …

Als ich zehn Jahre alt war, fing meine Mutter wieder an, halbtags zu arbeiten. Von nun an kochte ich fast täglich nach der Schule Mittagessen für die Familie. Dabei bemerkte meine Mutter gleich, dass ich ein besonderes Händchen fürs Kochen habe. Mit 14 Jahren half ich meinem Vater während der Sommerferien. Zunächst als Tellerwäscherin, bald durfte ich die Vorspeisen vorbereiten. Nach meinem Schulabschluss machte ich aus »Ich weiß irgendwie nicht was ich machen soll«-Gründen eine Lehre zur Agrar- und Umweltanalytikerin. Erfolglos abgebrochen.

Mit 18 begann ich dann endlich eine Lehre, die mir gefiel. Als Modedesignerin und Maßschneiderin konnte ich meine kreative und handwerkliche Seite gut ausleben. Mittlerweile kochte ich wohl genauso gut wie mein Vater. Musste auch er zugeben. Aber die Mode ließ mich noch nicht ziehen, ich wollte weiter lernen. Mit 22 studierte ich Modedesign an der Hochschule Reutlingen und arbeitete jedes Wochenende sowie während der Semesterferien im Restaurant meines Vaters.

## DAS LEBEN IST ZU KURZ, UM NICHT DEM HERZ ZU FOLGEN

Ich bin ein Genussmensch. Es muss einfach gut schmecken und, besonders wichtig, auch ansprechend aussehen. In meinen jungen Jahren habe ich wohl jede Diät ausprobiert; ich kenne sie alle: Trennkost, Low Fat 30, Metabolic Balance, FitLine Shakes, und natürlich haben auch Fitnessstudio und Co. an mir ihr Sümmchen verdient.

Vor ein paar Jahren erkrankte dann meine Mutter an Magenkrebs. Ich versuchte ihr eine Stütze zu sein und habe mich seitdem fast täglich mit ihr über Sorgen, Ängste, aber auch über Hoffnung ausgetauscht. Auch für mich änderte sich etwas in meinem Leben. Ich spürte, dass es in mir drängte, mein Leben selbst in die Hand zu nehmen, ganz bewusst und selbstbestimmt zu leben.

Noch während meines Studiums habe ich mit einer Ernährungsumstellung begonnen. Schon seit gut zehn Jahren war klar, dass mein Hormonhaushalt nicht in Ordnung war. Also begann ich nun, auf Anraten meines Heilpraktikers, Gluten und Zucker von meinem Speiseplan zu streichen. Und zwar nicht, weil ich in kürzester Zeit so viel wie möglich abnehmen wollte. Mir ging es um eine ausgeglichene Ernährung, die möglichst wenig in den Hormonhaushalt eingreift. In nur sechs Monaten nahm ich zwölf Zentimeter Körperumfang ab.

Nach meinem Studium zog ich nach Trier und arbeitete dort ein Jahr als Modedesignerin in einem kleinen Atelier. Nun war ich an einem Punkt angelangt, der für mich nicht einfach war. Ich hatte sechs Jahre in einen Beruf investiert, den ich mir selbst ausgesucht hatte. Doch ich musste erkennen: Erfüllung brachte er mir nicht.

Der Krebs bei meiner Mutter kam zurück und besiegte sie schließlich. Auch für mich war es in vielerlei Hinsicht eine intensive Zeit; es tauchte immer wieder die Frage auf, was ich wirklich von meinem Leben erwartete. Was waren also meine Herzensträume? Ich liebte es schon immer, Essen schön anzurichten und anderen Menschen eine Freude damit zu machen. Also: Kochen und Backen! Und das am liebsten von morgens bis abends! Endlich hatte ich auf mein Herz gehört, das mich schon einige Zeit versucht hatte, anzufunken. Denn wer morgens aufwacht und abends ins Bett geht mit dem Gedanken an Essen, Kombinationen von Zutaten und Möglichkeiten des Zubereitens, der hat seine Antwort förmlich vor sich. Mit 26 fing ich also noch mal von vorn an. Jetzt geht es richtig los!

Glücklicherweise hatte ich im Trierer Modeatelier die TV- und Sterneköchin Lea Linster kennengelernt. Als ich ihr von meinen Plänen erzählte, schlug sie mir sofort vor, ein Praktikum bei ihr zu absolvieren. Die Einblicke dort haben mich staunen lassen; doch der Tod meiner Mutter ließ meine Welt erst einmal zum Stillstand kommen.

Bei der TV-Show THE TASTE bin ich bis ins Finale gekommen und habe viele Freunde gewonnen. Mit der Öffentlichkeit kamen auch viele neue Anfragen – Kochvideos, Modelaufträge, Kurse, Kolumnen … Dabei versuche ich nie mein Herz zu vergessen und sorgsam auszuwählen. Wichtig ist mir etwa @soschmecktliebe, dort zeige ich meine Prise Liebe beim Kochen und Backen, damit vielleicht der eine oder die andere sich auch auf meinen Weg begibt und das Wichtige im Leben erkennt. Deshalb liegt dieses Buch mir auch so am Herzen – es zeigt Rezepte, die mich in schweren und leichten Zeiten stets glücklich machen.

Inzwischen habe ich das Restaurant Da Gino in Villingen-Schwenningen von meinem Vater übernommen und ein kleines Café eröffnet, dort gibt es eine Auswahl an französischer Patisserie. Wenn ich morgens das Restaurant betrete, dann fängt für mich nicht die Arbeit, sondern der Spaß am Leben an!

# Besondere Produkte in meiner Küche

*Mein Maßstab ist immer: Gut soll's schmecken, aber eben auch guttun.*
*Deshalb erläutere ich hier einige Produkte, die bei mir häufiger zum Einsatz*
*kommen und vielleicht nicht allen geläufig sind.*

### GLUTENFREIE MEHLMISCHUNG
Glutenfreie Mehle gibt es einige (etwa Kokos-, Hirse-, Kastanien- oder Sesam-
mehl), doch in der Küchenpraxis hat sich für mich eine Mischung bewährt,
die im Handel von mehreren Anbietern, etwa von Seitz, erhältlich ist. Alternativ
kann man eine solche Mischung auch selbst herstellen, dabei muss allerdings
noch ein Bindemittel zugesetzt werden. Ein Grundrezept hierfür:

320 g weißes Reismehl
240 g Kartoffelstärke
40 g Tapiokastärke

Ich verwende Xanthanpulver als Bindemittel, doch auch Guarkernmehl, Johan-
nisbrotmehl oder gemahlene Flohsamenschalen sind denkbar. Grober Richtwert hierbei: auf 250 g Mehlmischung etwa 1 TL Xanthanpulver hinzufügen.

### GLUTENFREIES BACKPULVER
Backpulver besteht aus drei Komponenten: einem Triebmittel (üblicherweise
ist dies Natron), einem Säuerungsmittel (Phosphat) und einem Trennmittel,
damit die gewünschte Reaktion, die Kohlendioxid freisetzt, erst bei Kontakt mit
Flüssigkeit einsetzt. Das Trennmittel ist manchmal Weizenstärke, häufig aber
auch Maisstärke (somit wird das Backpulverprodukt dann glutenfrei). Weinsteinbackpulver verwendet als Säuerungsmittel kein Phosphat, sondern natürli-
chen Weinstein, der aus dem Salz der Weinsäure als Nebenprodukt bei der
Weinherstellung anfällt.

### XANTHAN
… auch unter der Bezeichnung E 415 geläufig, ist ein in Wasser gut löslicher
Lebensmittelzusatzstoff. Der Mehrfachzucker wird mithilfe von Bakterien

gewonnen. Besonders für Backwaren leistet Xanthan hervorragende Arbeit, denn damit werden Brot und Teige glatter, luftiger und zarter. In hohen Dosen kann Xanthan abführend wirken; dann sollte man es mit Johannisbrotkernmehl versuchen.

## ZUCKERERSATZ

Meine Rezepte sollen genussvoll, schmackhaft, aber eben auch gesund im Sinne eines gemäßigten Blutzuckerspiegels sein. Der glykämische Index misst die Auswirkung eines kohlenhydrathaltigen Lebensmittels auf unseren Zuckerspiegel. Ist der Index hoch, steigt der Blutzuckerspiegel umso schneller an — und fällt auch rasch wieder. Das beflügelt ein Hungergefühl, das eigentlich nur unnötig gesteigert wurde. Würden wir uns nur ein bisschen umsichtiger ernähren, könnte unser Körper viel besser mit zuckerhaltigen Lebensmitteln umgehen.

Es gibt bereits zahlreiche Studien zu diesem Wert und auch zu der Ernährung mit Zuckerersatzstoffen. Ich weiß nur eines: Mir tut es gut, keinen raffinierten Haushaltszucker mehr zu verwenden, und deshalb gibt es meine Rezepte eben mit einigen trickreichen Ersatzstoffen.

## KOKOSBLÜTENZUCKER

Er wird tatsächlich aus dem Nektar der Kokospalme gewonnen — man ahnt also, warum er seinen Preis wert ist. In seiner reinen Form verwende ich ihn auch zum Backen) — er hat keinen Kokos- sondern einen Karamellgeschmack. Am besten schmeckt er in einer meiner Lieblingszutaten: Zartbitterschokolade. Die wird durch den Kokosblütenzucker nämlich besonders fein. Anbieter dieses Produkts gibt es zurzeit einige wenige (etwa Vivani); am ehesten wird man im Reformhaus fündig.

## ERYTHRITOL

Der Zuckeralkohol Erythritol kommt auch in Birnen oder Melonen vor. Gewonnen wird der Zuckerersatzstoff aus der Fermentation von Traubenzucker, er erzielt 70–80 % der Süßkraft von Zucker. Erythritol hat einen glykämischen Index von 0 und bietet Karies keine Nahrung, ist somit auch noch zahnfreundlich.

## AHORNSIRUP

Ahornsirup ist ein natürlich gewonnenes Produkt. Er hat mit 43 einen deutlich niedrigeren glykämischen Wert als raffinierter Haushaltszucker (70). Im Vergleich zu anderen Süßungsmitteln wie etwa Agavendicksaft wird häufig angeführt, dass Ahornsirup relativ viele Mineralstoffe und Antioxidanzien enthält. Aber eigentlich nutze ich ihn gern, weil ich seinen besonderen Geschmack einfach in einigen Rezepten nicht missen möchte!

# KAPITEL 1

# Glück auf die Hand

*Backen, belegen, schichten:*
*So einfach ist eine kleine Pause verdient.*

FÜR DEN WAFFELTEIG

**FÜR DEN WAFFELTEIG**
1 Ei, Größe M
150 ml Vollmilch
120 g helle glutenfreie Mehlmischung
1 TL glutenfreies Backpulver
1 Prise Salz
50 g Butter
1 Zweig Rosmarin
Olivenöl zum Ausbraten

**FÜR DAS PESTO**
1 Bund (à etwa 70 g) Rucola
200 ml Olivenöl
1 EL Pinienkerne
1 Handvoll frisch geriebener
Parmesan
Salz
frisch gemahlener schwarzer Pfeffer
1 EL Honig

**FÜR DEN BELAG**
1 Bund (à etwa 70 g) Rucola
2 Mozzarella
4 große Tomaten
Olivenöl zum Beträufeln

# Gegrilltes Waffelsandwich mit Mozzarella, Tomaten & Rucolapesto

FÜR 2 PERSONEN

*Übrigens: Für Salatdressings und zum Beträufeln empfehle ich unbedingt die Anschaffung eines wirklich guten kalt gepressten Olivenöls. Zum Kochen eignen sich dagegen auch die Produkte großer Hersteller aus dem Supermarkt. Auch diese sind meist kalt gepresst; sie sollten jedoch aus gesundheitlichen Gründen ebenfalls auf keinen Fall bis zum Rauchpunkt erhitzt werden.*

Für den Teig in einer großen Schüssel das Ei und die Milch gut verrühren. In einer weiteren Schüssel Mehl, Backpulver und Salz vermischen und zu der Eier-Milch-Mischung geben. Alles zu einem glatten Teig rühren. In einem kleinen Topf die Butter bei niedriger Temperatur schmelzen und lauwarm abgekühlt unter den Teig rühren. Vom Rosmarin die Nadeln abstreifen, dann fein hacken und unterheben. Den Teig 30 Minuten abgedeckt im Kühlschrank gehen lassen.

Für das Pesto alle Zutaten in einen hohen Mixbehälter geben und zu einem glatten, cremigen Pesto pürieren.

Für den Belag den Rucola waschen, trocken schleudern und beiseitelegen. Den Mozzarella in Scheiben schneiden. Die Tomaten waschen und in Scheiben schneiden.

Nun eine Grillpfanne mit Öl bestreichen und heiß werden lassen.

Portionsweise etwas Teig (etwa 1–2 EL) in die Pfanne geben und durch Schwenken der Pfanne gleichmäßig verteilen, sodass eine etwa handtellergroße Waffel entsteht. Diese von beiden Seiten goldgelb grillen. Diesen Vorgang wiederholen, bis der Teig aufgebraucht ist. Für 2 Personen sollten 6 Waffeln eingerechnet werden. Die Waffeln nach Belieben zu Pizzastücken zurechtschneiden.

Die fertigen und noch heißen Waffeln mit Rucola, Tomaten- und Mozzarellascheiben sowie Pesto schichtweise belegen. Etwas Olivenöl darauf träufeln. Auf diese Weise zwei Lagen schichten und zum Schluss eine weitere Waffel obenauf legen. Mit einem Holzspieß fixieren.

SO
SCHMECKT
LIEBE

FÜR DAS PULLED-PILZ-
SANDWICH
500 g Kräuterseitlinge
100 ml glutenfreies Bier
Olivenöl
Salz
frisch gemahlener schwarzer Pfeffer
4 – 5 EL BBQ-Sauce (siehe Seite 181)

FÜR DIE AVOCADO-CHILI-CREME
1 weiche Avocado
1 grüne Chilischote
Saft von ½ Zitrone
Salz
frisch gemahlener schwarzer Pfeffer

1 rote Zwiebel
4 – 6 Blätter Romanasalat
Olivenöl zum Anrösten
6 Scheiben glutenfreies Toastbrot

# Veganes Pulled-Pilz-Sandwich
# mit Avocado-Chili-Creme

FÜR 2 PERSONEN

Den Backofen auf 180 °C (Umluft) vorheizen.

Die Kräuterseitlinge putzen, halbieren und in einer großen Schüssel mit dem Bier und etwa 5 EL Olivenöl vermischen. Salzen, pfeffern und in eine ofenfeste Form geben. Im Ofen 20 – 30 Minuten schmoren. Die weich gegarten Pilze mit einer Gabel zerrupfen und mit der BBQ-Sauce vermengen. Gegebenenfalls erneut mit Salz und Pfeffer abschmecken und beiseitestellen.

Für die Creme die Avocado halbieren, entkernen und mit einem Esslöffel das Fruchtfleisch auslösen. Die Chilischote halbieren, die Samen entfernen und die Schote klein schneiden. Die Avocado und die Chilistücke gemeinsam mit allen weiteren Zutaten in einen hohen Mixbehälter geben und zu einer glatten Creme pürieren. Falls die Creme noch zu dick sein sollte, etwas Wasser hinzugeben und erneut pürieren.

Nun die Zwiebel schälen, halbieren und in feine Ringe schneiden, dann beiseitestellen. Die Salatblätter waschen, trocken schleudern und beiseitelegen.

In einer antihaftbeschichteten Pfanne etwas Olivenöl erhitzen und die Brotscheiben darin von beiden Seiten rösten.

Jeweils 1 Scheibe geröstetes Toastbrot auf einen Teller geben. Mit der Creme bestreichen und je 1 Salatblatt darauflegen. Nun ein Viertel der Pilze darauf verteilen und mit einigen Zwiebelringen belegen. Obenauf etwas Avocado-Chili-Creme geben und 1 Brotscheibe als Zwischendecke auflegen. Darauf dieselbe Schichtweise wiederholen und alles mit 1 Brotscheibe abschließen. So auch für das zweite Sandwich verfahren. Die Schichtbrote gegebenenfalls mit einem Holzspieß fixieren.

FÜR DIE MANGO-WASABI-
MAYONNAISE
½ Mango
1 Eigelb, Ei Größe L
etwa 200 ml Sonnenblumenöl
3–4 TL Wasabipaste

FÜR DIE FOCCACIA
Olivenöl
2 Lachsfilets (à 120 g)
Salz
frisch gemahlener schwarzer Pfeffer
4 Frühlingszwiebeln
4 Blätter Romanasalat oder Radicchio

2 glutenfreie Foccacia-Brötchen
zum Aufbacken
essbare Blüten (etwa Dillblüten)
zum Garnieren

# Foccacia mit Lachs, Frühlingszwiebeln & Mango-Wasabi-Mayonnaise

FÜR 2 PERSONEN

*Übrigens: Essbare Blüten sind eine wunderbare Möglichkeit, Gerichte mit geringem Aufwand für das Auge noch schöner herzurichten. Sie sind auf manchen gut sortierten Märkten oder im Feinkosthandel erhältlich.*

Für die Mayonnaise die Mango schälen, das Fruchtfleisch würfeln. Das Eigelb gemeinsam mit etwa 3 EL Sonnenblumenöl in einen hohen Mixbehälter geben. Mit dem Stabmixer pürieren und dabei weiteres Sonnenblumenöl in dünnem Strahl langsam einfließen lassen. Dabei den Stabmixer stetig auf und ab bewegen. Die Mangowürfel gemeinsam mit der Wasabipaste in den Mixbehälter geben und alles zu einer glatten Creme pürieren.

Den Backofen auf 180 °C (Umluft) vorheizen.

In einer antihaftbeschichteten Pfanne etwa 2 EL Olivenöl erhitzen. Die Lachsfilets rundherum mit Salz und Pfeffer bestreuen. In der Pfanne von beiden Seiten kräftig anbraten, dann herausnehmen und beiseitelegen.

Die Foccacia-Brötchen im Ofen nach Packungsanleitung aufbacken. Inzwischen alle benötigten Zutaten für das Schichten vorbereiten:

Die Frühlingszwiebeln waschen, der Länge nach halbieren und in die Lachs-Pfanne geben. Die Frühlingszwiebeln salzen und pfeffern, in der Pfanne kurz anschwitzen. Die Salatblätter waschen, trocken schleudern und beiseitelegen.

Die aufgebackenen Foccacia-Brötchen aufschneiden, die unteren Hälften mit der Mayonnaise bestreichen und die Salatblätter darauf verteilen. Die gebratenen Lachsfilets auf die Brötchen legen und die Frühlingszwiebelhälften darüber verteilen. Dann noch etwas Mayonnaise daraufgeben und mit der anderen Hälfte abschließen. Nach Belieben mit Dillblüten garniert servieren.

½ Kopf Weißkohl
Olivenöl
Salz
frisch gemahlener schwarzer Pfeffer
3–4 EL Ahornsirup
300 g Pökelfleisch
200 g Emmentaler
4 Scheiben glutenfreies Landbrot
10 g Butter

# Glutenfreies Landbrot mit Pökelfleisch, Emmentaler & karamellisiertem Kohl

FÜR 2 PERSONEN

*Übrigens: Dieses Rezept eignet sich auch wunderbar für ein Picknick im Grünen, denn der Belag ist schnell gemacht und die Brote lassen sich gut verpacken. Für meine Gerichte aus dem Backofen heize ich meist mit Umluft, denn das geht fixer und ich bevorzuge die trockenere Hitze.*

Den Backofen auf 180 °C (Umluft) vorheizen.

Den Kohl waschen, den Strunk sowie die äußeren Blätter entfernen und den Kohl in fingerdicke Scheiben schneiden.

In einer ofenfesten Pfanne etwa 2 EL Olivenöl erhitzen. Die Kohlscheiben darin von beiden Seiten kräftig bräunen, dann salzen und pfeffern. Den Ahornsirup über dem Kohl verteilen und samt der Pfanne in den Ofen stellen. Den Kohl im Ofen in 15–20 Minuten weich garen.

Inzwischen das Pökelfleisch und den Emmentaler in dünne Scheiben schneiden. Das Landbrot von beiden Seiten mit Butter bestreichen und in einer antihaft-beschichteten Pfanne kurz von beiden Seiten rösten.

Nun je 2 Scheiben Brot mit Pökelfleisch-, Kohl- und Emmentalerscheiben belegen. Mit der zweiten Brotscheibe abschließen und gut andrücken. Abschließend die Brote halbieren, nach Belieben zu einem Sandwichturm schichten und auf Tellern servieren.

FÜR DAS POCHIERTE HÄHNCHEN
2 Hähnchenbrustfilets
2 Scheiben von
1 unbehandelten Zitrone
3 Zweige Koriander
1 TL Pfefferkörner

FÜR DIE WACHTELEI-
MAYONNAISE
4 Eigelbe von Wachteleiern
etwa 200 ml Sonnenblumenöl
1 TL Senf
Salz
frisch gemahlener schwarzer
oder bunter Pfeffer

einige Spritzer Zitronensaft
2 glutenfreie Baguettebrötchen
zum Aufbacken
6 gekochte Wachteleier
3–4 Zweige Koriander

# Baguette mit pochiertem Hähnchen, Koriander & Wachteleimayonnaise

FÜR 2 PERSONEN

*Übrigens: Es gibt nun schon einige Anbieter von Schokolade ohne (Rohr-)Zucker, die stattdessen mit Kokosblütenzucker gesüßt wird. Der niedrige glykämische Index von Kokosblütenzucker sorgt dafür, dass der Blutzuckerspiegel nur langsam ansteigt. So setzt das Hungergefühl erst später wieder ein und die Gefahr einer Erkrankung an Diabetes Typ 2 ist verringert .*

Einen Topf zu zwei Dritteln mit Wasser füllen, den Deckel auflegen. Das Wasser zum Kochen bringen und etwa 20 Minuten köcheln lassen, sodass sich die Wassertemperatur stabil hält. Das Fleisch sollte in gleichbleibender Temperatur pochiert werden.

Inzwischen das Hähnchenfleisch waschen und gemeinsam mit den Zitronenscheiben, dem Koriander und den Pfefferkörnern in das eingekochte Wasser legen. Alles etwa 5 Minuten köcheln lassen. Danach den Topf vom Herd ziehen und das Fleisch abgedeckt 20 Minuten ziehen lassen. Abschließend die Hähnchenfilets aus dem Wasser heben, abtropfen und etwa 5 Minuten ruhen lassen. Danach in feine Stücke zupfen und beiseitestellen.

Den Backofen auf 180 °C (Umluft) vorheizen.

Für die Mayonnaise die Eigelbe in einen hohen Mixbehälter geben, mit dem Stabmixer pürieren und dabei das Öl langsam in dünnem Strahl einfließen lassen. Währenddessen den Stabmixer stetig auf und ab bewegen. Sobald die Mayonnaise schön cremig ist, mit Senf, Salz, Pfeffer und Zitronensaft abschmecken.

Die Brötchen nach Packungsanleitung im Ofen aufbacken, danach aufschneiden, aber nicht ganz teilen. Die gekochten Wachteleier schälen und halbieren. Den Koriander waschen, trocken schütteln und die Blätter abzupfen.

Das zerzupfte Hähnchenfleisch mit zwei Dritteln der Mayonnaise vermischen und auf die unteren Brötchenhälften verteilen. Mit den gekochten Wachteleihälften und den Korianderblättern garnieren. Abschließend mit etwas Mayonnaise beträufeln und die oberen Brötchenhälften sanft andrücken.

8 Scheiben Speck
200 g Rumpsteak
Salz
frisch gemahlener schwarzer Pfeffer
Olivenöl
1 Zwiebel
1 Handvoll Pimientos de Padrón

2 Mini-Gurken
2 glutenfreie Baguettebrötchen
zum Aufbacken
50 g frisch geriebener Parmesan
50 g Frischkäse

# Gourmet-Steaksandwich

FÜR 2 PERSONEN

*Übrigens: Die echten Pimientos de Padrón, die in Galicien unreif geerntet werden, sind nicht ganz so einfach aufzutreiben. Kleine grüne Paprikaschoten können als Ersatz dienen, doch nur die echten Pimientos de Padrón haben die überraschende Schärfe und Tiefe, die ich für dieses Glück auf die Hand brauche.*

Den Speck in einer antihaftbeschichteten Pfanne ohne Fett kross ausbraten. Den Backofen auf 60 °C (Umluft) vorheizen. Ein Backblech mit Backpapier belegen.

Inzwischen das Fleisch rundherum mit Salz und Pfeffer bestreuen. In einer Pfanne etwas Olivenöl erhitzen und darin das Steak jeweils 2–3 Minuten von beiden Seiten bei mittlerer Temperatur braten. Das Fleisch und den Speck in eine ofenfeste Form geben und im Ofen warm halten.

Die Zwiebel schälen, achteln und gemeinsam mit den Pimientos in einer Pfanne weich anschwitzen. Dazu entweder dieselbe Pfanne verwenden wie für den Speck oder nach Belieben für ein schönes Muster eine Grillpfanne, mit etwas Olivenöl, verwenden.

Die Gurken der Länge nach in dünne Scheiben schneiden.

Die ofenfeste Form mit Fleisch und Speck herausnehmen. Den Ofen auf 180 °C (Umluft) einstellen. Das Steak in dünne Scheiben schneiden.

Die Brötchen auf das Backblech legen und mit dem Parmesan bestreuen, dann im Ofen in 10 Minuten aufbacken. Danach kurz auskühlen lassen. Anschließend aufschneiden, die Hälften mit dem Frischkäse bestreichen. Zuerst die Gurkenscheiben auf die unteren Hälften legen, dann das Fleisch, die Zwiebeln, die Pimientos und den Speck schichten. Alles zusammen mit einem Spieß fixieren.

FÜR DIE WÜRZMISCHUNG
1 TL geräuchertes Paprikapulver
½ TL Kreuzkümmel
½ TL Currypulver
½ TL Knoblauchpulver
1 TL edelsüßes Paprikapulver
1 EL Kokosblütenzucker
Salz
frisch gemahlener schwarzer Pfeffer

FÜR DAS PULLED PORK
600−800 g Schweinefleisch
(Schulter/Bug)
Salz
frisch gemahlener schwarzer Pfeffer
3−4 EL scharfer Senf
3−5 EL BBQ-Sauce (siehe Seite 181)

FÜR DEN COLESLAW
½ Kopf Weißkohl

2 Karotten
1 Schalotte
Salz

FÜR DAS DRESSING
100 g Schmand
3 EL Mayonnaise
1 EL gehackte Petersilie
Salz
frisch gemahlener schwarzer Pfeffer

2 glutenfreie Baguettebrötchen

# Pulled-Pork-Sandwich mit Coleslaw

FÜR 2 PERSONEN (AM VORTAG BEGINNEN)

*Übrigens: Durch das lange und niedrig temperierte Garen wird das Fleisch sehr zart. Die Schweineschulter muss also nicht ausgelöst beim Metzger bestellt werden; das Fleisch fällt fast von allein vom Knochen. Das Garen mit Knochen intensiviert vielmehr noch das Aroma .*

Für die Würzmischung in einer kleinen Schüssel sämtliche Zutaten vermengen.

Das Schweinefleisch salzen, pfeffern und rundherum mit Senf einstreichen. Dann in der Gewürzmischung wälzen. Das Fleisch samt Marinade vakuumieren, wenn möglich. Alternativ das Fleisch in einen Gefrierbeutel geben und möglichst viel Luft herausdrücken. Das verpackte Fleisch 24 Stunden im Kühlschrank marinieren.

Am folgenden Tag den Backofen auf 200 °C (Ober-/Unterhitze) vorheizen.

Für den Coleslaw den Weißkohl waschen und den Strunk sowie die äußeren Blätter entfernen. Den Kohl in sehr feine Scheiben schneiden; am besten mit einem Gemüsehobel arbeiten. In einer großen Schüssel und mit den Händen den Kohl bestreut mit 1−2 EL Salz gründlich verkneten, dann beiseitestellen.

Die Karotten schälen und fein raspeln. Die Schalotten schälen und in ganz feine Ringe schneiden.

Das marinierte Fleisch aus dem Beutel nehmen und in den Ofen auf den Rost legen; eine Backpfanne darunter als Tropfschutz einschieben. Das Fleisch 30 Minuten schmoren. Dann die Temperatur auf 100 °C herunterregeln. Das Fleisch in eine ofenfeste Form legen. Diese auf dem Rost im unteren Drittel in den Ofen schieben und das Schweinefleisch weitere 7−8 Stunden schmoren lassen. Dabei das Fleisch gelegentlich drehen.

Etwa 1 Stunde vor Ende der Garzeit für das Dressing in einer kleinen Schüssel den Schmand, die Mayonnaise, die Petersilie sowie etwas Salz und Pfeffer vermischen. Beiseitestellen. Den Weißkohl in einem Sieb abwaschen und gut abtropfen lassen.

In einer großen Schüssel die Karottenraspel, die Schalottenringe und den Weißkohl vermischen, dann auch mit dem Dressing vermengen. Im Kühlschrank bis zum Anrichten ziehen lassen.

Sobald das Fleisch zerfällt und sich mit der Gabel gut zerzupfen lässt, ist es fertig. Das zerzupfte Fleisch mit der BBQ-Sauce vermischen, den Ofen wieder auf 180 °C vorheizen. Die Baguettebrötchen darin 10 Minuten aufbacken.

Die Brötchen aufschneiden, aber nicht ganz teilen. Den Coleslaw darauf verteilen und das Pulled Pork daraufgeben. Gegebenenfalls mit einem Holzspieß fixieren. Den Coleslaw zusätzlich als Salat dazu servieren.

**FÜR DIE BROTE**
8 dünne Stangen weißer Spargel
Salz
4 sehr frische Eier, Größe M
2 Scheiben glutenfreies Landbrot
6 Scheiben Landschinken

**FÜR DIE SAUCE HOLLANDAISE**
100 ml Weißweinessig
50 ml trockener Weißwein
2 getrocknete Lorbeerblätter
5 schwarze Pfefferkörner
1 Eigelb, Ei Größe L
125 g Butter
Salz

# Eier Benedikt mit Landbrot & Spargel

FÜR 2 PERSONEN

*Übrigens: Zwar wird man beim Baden immer nass, beim Wasserbad sollte dies für die oben aufgesetzte Schüssel jedoch nicht der Fall sein. Sie sollte nur durch den Wasserdampf erhitzt werden. Denn so wird der Inhalt der Schüssel sehr sanft erwärmt, was besonders bei Eierspeisen und Schokolade wichtig ist.*

Den Spargel gründlich schälen, die unteren Enden kappen. In einem Topf reichlich gesalzenes Wasser zum Kochen bringen und den Spargel darin in 10 Minuten bissfest garen.

Gleichzeitig in einem weiteren Topf etwa 750 ml Wasser zum Kochen bringen, dann den Topf vom Herd nehmen. Die Eier aufschlagen und nacheinander jeweils sehr vorsichtig in das heiße Wasser gleiten lassen. Jedes Ei etwa 5 Minuten darin pochieren und anschließend herausheben. Gegebenenfalls zwischendurch das Wasser nochmals aufkochen lassen, den Topf dann aber wieder vom Herd ziehen. Die Eier dürfen nicht im kochenden Wasser sein.

Inzwischen für die Sauce hollandaise in einem kleinen Topf Essig, Weißwein, Lorbeerblätter und Pfefferkörner gemeinsam sprudelnd aufkochen lassen. Den Sud auf die Hälfte einkochen lassen. Die Lorbeerblätter und Pfefferkörner vor der weiteren Verwendung entsorgen.

In einer Stahlschüssel auf einem Wasserbad das Eigelb gemeinsam mit dem Weißweinsud schnell mit einem Schneebesen oder dem elektrischen Handrührgerät verschlagen.

Inzwischen in einem kleinen Topf die Butter schmelzen. Die Eimischung rühren, bis sie cremig und hellgelb wird. Dann die geschmolzene Butter tropfenweise einfließen lassen, dabei stetig weiterrühren. Mit Salz abschmecken.

Die Brotscheiben auf zwei Teller oder Brotzeitbretter aus Holz legen und den Schinken darauf anrichten. Pro Teller 4 Stangen bissfesten Spargel darauflegen. Je 2 pochierte Eier vorsichtig auf den Spargel gleiten lassen und alles mit Sauce hollandaise beträufeln.

**FÜR DEN KEBAB**
400 g Rinderhackfleisch
1 Zwiebel
1 Knoblauchzehe
½ TL Kreuzkümmel
½ TL edelsüßes Paprikapulver
2 EL gehackte Petersilie
2 EL gerebelter Thymian
Salz
frisch gemahlener schwarzer Pfeffer
Olivenöl

**FÜR DEN KAROTTENSALAT**
6 große Karotten
2 EL weißer Balsamessig
4 EL Olivenöl
1 EL gehackte Petersilie
1 EL gehackte Minze
Salz
frisch gemahlener schwarzer Pfeffer

**FÜR DEN ZITRONEN-JOGHURT-DIP**
2 Zweige Minze
300 g Naturjoghurt
Saft und Abrieb von
1 unbehandelten Zitrone
1 TL Honig
Salz
frisch gemahlener schwarzer Pfeffer

# Kebab mit lauwarmem Karottensalat & Zitronen-Joghurt-Dip

FÜR 2 PERSONEN

Das Hackfleisch in eine Schüssel geben. Die Zwiebel und den Knoblauch schälen, dann beides auf dem Gemüsehobel reiben und zu dem Hackfleisch geben. Die Gewürze, Kräuter sowie Salz und Pfeffer untermischen. Die Masse vierteln. Vier lange Metallspieße damit gleichmäßig ummanteln, mit den Händen gut festdrücken. So die Kebabspieße formen.

In einer Grillpfanne etwas Olivenöl erhitzen und die Kebabs darin von allen Seiten kräftig anbraten.

Inzwischen für den Salat in einem Topf gesalzenes Wasser aufkochen. Die Karotten schälen, quer halbieren und in dem kochenden Wasser bissfest garen. Die Karotten herausnehmen und kurz abkühlen lassen. Dann in sehr dünne Scheiben schneiden, diese in eine Schüssel geben. Mit Essig, Öl, Petersilie und Minze vermischen. Alles mit Salz und Pfeffer abschmecken.

Für den Dip die Minze waschen, trocken schütteln und die Blätter fein schneiden. In einer Schüssel die Minze mit allen weiteren Zutaten vermengen. Den Dip mit Salz und Pfeffer abschmecken.

Die Spieße gemeinsam mit dem Dip anrichten und den Karottensalat dazu servieren.

300 ml Gemüsebrühe (siehe Seite 185)
100 ml Sojasahne
Salz
frisch gemahlener schwarzer Pfeffer
etwa 300 g Instant-Polenta
500 ml Erdnussöl
Vegane Mayonnaise (siehe Seite 182)

# Polentasticks mit veganer Mayonnaise

FÜR 2 PERSONEN

*Übrigens: Die Polentasticks schmecken auch als Beilage zu Fleisch oder als Topping zu einem frisch angemachten grünen oder bunten Salat.*

In einem Topf die Gemüsebrühe mit der Sojasahne sowie Salz und Pfeffer aufkochen. Langsam die Polenta unter Rühren mit dem Holzlöffel einrieseln lassen, bis eine dickcremige Masse entsteht.

Ein Backblech mit Backpapier auslegen. Die Masse etwa 2 cm hoch gleichmäßig auf dem Backblech verstreichen und abkühlen lassen.

Die Polentamasse in Sticks (etwa 8 cm lang und 3 cm breit) schneiden. In einem großen Topf das Erdnussöl stark erhitzen. Zur Temperaturprobe ein Holzstäbchen hineinhalten: Sobald sich am Holz Bläschen bilden, die Polentasticks in dem Öl goldbraun frittieren. Dabei jeden Stick einmal mit einer Küchenzange wenden.

Anschließend auf Küchenpapier kurz entfetten, dabei salzen und pfeffern. Die Sticks sofort warm genießen und in vegane Mayonnaise dippen.

# KAPITEL 2

# Balsam für die Seele

*Gutes zum Genießen.*
*Tipp: dabei Alltagsärger und Sorgen vergessen.*

4 große festkochende Kartoffeln
2 EL glutenfreie Haferflocken
1 Ei, Größe M
Salz
frisch gemahlener schwarzer Pfeffer
etwa 100 ml Sonnenblumenöl

FÜR DIE WACHSWEICHEN EIER
4 Eier, zimmerwarm

FÜR DEN SALAT
5 g Xanthan
50 ml Orangensaft
2−3 EL weißer Balsamessig

6 EL Olivenöl
Salz
frisch gemahlener schwarzer Pfeffer
200 g Wildkräutersalat
1 Avocado

# Kartoffelrösti mit wachsweichen Eiern & Wildkräutersalat

FÜR 2 PERSONEN

*Übrigens: Der Lebensmittelzusatzstoff Xanthan (E 145) ist sehr gut wasserlöslich und wird u. a. zum Abbinden von Saucen verwendet. Ich finde ihn besonders hier wichtig, weil die Salatsauce damit schön cremig wird. Die Mischung einfach in ein verschließbares Glas geben und bis zu 1 Woche im Kühlschrank aufbewahren.*

Für die Rösti die Kartoffeln schälen, fein reiben, in ein Baumwolltuch legen, eindrehen und fest ausdrücken.

Den Backofen auf 120 °C (Umluft) vorheizen.

In einer Schüssel Kartoffeln, Haferflocken und Ei zu einer relativ homogenen Masse vermengen. Das Ganze kräftig mit Salz und Pfeffer abschmecken.

In einer antihaftbeschichteten Pfanne 1−2 EL Öl pro Rösti erhitzen. Mit den Händen die Röstimasse zu etwa 4−6 handtellergroßen, sehr flachen Fladen formen und in der Pfanne portionsweise goldbraun ausbacken. Danach im Ofen warm halten.

In einem Topf Wasser für die wachsweichen Eier zum Kochen bringen.

Inzwischen für das Salatdressing in einem hohen Mixbehälter das Xanthan in 500 ml Wasser pürieren. Davon 1 TL abnehmen und in einer weiteren kleinen Schüssel mit Orangensaft, Essig und Olivenöl mit einem Schneebesen verquirlen. Mit Salz und Pfeffer abschmecken. Den Wildkräutersalat verlesen, waschen und trocken schleudern. Die Avocado halbieren, entkernen und mit einem Esslöffel das Fruchtfleisch auslösen. Das Avocadofleisch in etwa 1 cm dicke Scheiben schneiden.

Die Eier mithilfe eines Esslöffels in das kochende Wasser gleiten lassen und darin 6 Minuten kochen. Dann mindestens 2 Minuten lang kalt abschrecken und sehr vorsichtig schälen.

Das Dressing erst kurz vor dem Servieren über den Salat geben. Die Avocadoscheiben dazulegen. Die kross gebratenen Rösti auf zwei Tellern verteilen. Die Eier vorsichtig mit den Händen öffnen und darauflegen. Gemeinsam mit dem Salat servieren.

100 g bunte Quinoamischung
1 Fleischtomate
1 Mini-Salatgurke
4 Pimientos de Padrón
½ rote Zwiebel
100 ml Zitronensaft
4 EL gehackte Petersilie
Salz
frisch gemahlener schwarzer Pfeffer

Olivenöl
200 g Naturjoghurt
Zesten von 1 unbehandelten Limette
200 g Thunfisch

# Quinoa-Taboulé mit gegrilltem Thunfisch & Limettenjoghurt

FÜR 2 PERSONEN

*Übrigens: Quinoa, das sogenannte Pseudogetreide (es ist nämlich keines, sondern ein Fuchsschwanzgewächs) stammt ursprünglich aus den Anden. Ich empfehle hier die bunte Mischung, weil sie sich besonders gut fürs Auge an grauen Tagen macht. Aber wenn nur die helle oder dunkle Variante zu Hand ist, peppen Tomate und Gurke das Ganze ja auch auf. Für die Garzeiten bitte unbedingt die Packungsanleitung beachten. Außerdem spüle ich Quinoa vor der Zubereitung in einem Sieb mit heißem Wasser durch, damit die Bitterstoffe entfernt werden.*

Die Quinoamischung nach Packungsanweisung garen.

Inzwischen die Tomate, die Gurke und die Pimientos waschen. Die Zwiebel schälen, dann Tomate, Gurke und Zwiebel fein würfeln, die Pimientos noch beiseitelegen.

Die Quinoa abkühlen lassen und das fein gewürfelte Gemüse mit der nur noch zimmerwarmen Quinoa vermischen. Alles mit Olivenöl, Zitronensaft, 3 EL gehackter Petersilie, Salz und Pfeffer abschmecken, dann beiseitestellen.

Inzwischen in einer antihaftbeschichteten Pfanne etwas Olivenöl erhitzen und darin die Pimientos von allen Seiten anbraten, abschließend kräftig salzen. Dann warm beiseitestellen.

In einer kleinen Schüssel den Naturjoghurt mit den Limettenzesten und der restlichen gehackten Petersilie (1 EL) vermischen. Dann mit Salz und Pfeffer abschmecken.

In einer Grillpfanne etwas Olivenöl erhitzen und darin den Thunfisch von beiden Seiten kurz, aber kräftig grillen.

Zum Anrichten den Thunfisch mit einem sehr scharfen Messer in dünne Scheiben schneiden. Diese salzen, pfeffern und gefächert auf Tellern anrichten. Das Quinoa-Taboulé sowie die gebratenen Pimientos de Padrón daneben drapieren und alles mit Joghurt beträufeln.

FÜR DAS ZWEIERLEI VOM APFEL
(GEL UND PERLEN)
4 große säuerliche Äpfel (etwa Boskop)
Agar-Agar
Saft von 1 Zitrone
Salz
frisch gemahlener schwarzer Pfeffer

FÜR DIE GERÖSTETEN
SCHALOTTENHÄLFTEN
2 Schalotten (nach Belieben)
Olivenöl

FÜR DEN TOPINAMBURSTAMPF
400 g Topinambur
100 ml Sahne
50 g Butter
Salz
frisch gemahlener schwarzer Pfeffer

FÜR DIE CIDRESAUCE
300 ml Cidre
1 EL Butter

400 g Kabeljaufilet
Olivenöl zum Anbraten
Salz
frisch gemahlener schwarzer Pfeffer

# Kabeljau mit Zweierlei vom Apfel, Topinamburstampf & Cidresauce

*Übrigens: Agar-Agar ist ein pflanzliches Geliermittel, das aus einigen Algenarten gewonnen werden kann. Es ist heute in größeren Drogeriemärkten und Reformhäusern sowie im Delikatesshandel erhältlich. Die Verarbeitung erfolgt gelöst in aufgekochtem Wasser unter Rühren und die Gelierwirkung tritt erst mit Abkühlung ein; auf jeden Fall die Packungsanleitung beachten!*

Den Backofen auf 180 °C (Umluft) vorheizen.

Die Äpfel schälen, für das Apfelgel 3 Äpfel vierteln, entkernen und entsaften. Den Saft abmessen und zwei Drittel davon in einen Topf geben, den restlichen Saft beiseitestellen. Das Agar-Agar in den Saft im Topf rühren. Dabei auf 100 ml Flüssigkeit 0,7 g Agar-Agar verwenden.

Unter Rühren aufkochen und noch 1–2 Minuten köcheln lassen. In einen tiefen Teller oder eine kleine Schüssel umfüllen, dann fest werden lassen. Inzwischen aus dem restlichen Apfel mit einem Perlenausstecher kleine Perlen ausstechen und diese mit Zitronensaft, Salz und Pfeffer marinieren.

Für die gerösteten Schalottenhälften die Schalotten ungeschält und am Stück auf einem Backblech im Ofen etwa 30 Minuten garen. Danach herausnehmen, halbieren, die Schichten vorsichtig voneinander trennen. Eine antihaftbeschichtete Pfanne ohne Fett erhitzen und darin die einzelnen Schalottenschichten, mit der Schnittseite nach unten, kross braten, dann beiseitestellen.

Für den Topinamburstampf die Knollen schälen und grob würfeln. In einen Topf gemeinsam mit der Sahne und der Butter geben. So viel Wasser angießen, dass die Knollen komplett mit Flüssigkeit bedeckt sind, alles sprudelnd aufkochen lassen und dann in etwa 10 Minuten weich garen. Die weichen Knollenstücke mit einem Kartoffelstampfer zu einem Püree verarbeiten und dieses mit Salz und Pfeffer abschmecken.

Für das Apfelgel das inzwischen fest gewordene Apfelgelee gemeinsam mit dem beiseitegestellten Apfelsaft in einen Mixer geben und glatt pürieren. In eine Spritzflasche umfüllen und kalt beiseitestellen.

Während die Topinambur gart, den Kabeljau waschen, trocken tupfen und halbieren. In einer Pfanne nicht zu wenig Olivenöl erhitzen. Die Filets mit Salz und Pfeffer bestreuen und von beiden Seiten je 2–3 Minuten anbraten. Die Filets aus der Pfanne nehmen, auf einem Teller kurz ruhen lassen. Inzwischen den Bratensatz mit Cidre ablöschen, gegebenenfalls mit einem Pfannenwender vom Pfannenboden lösen und gemeinsam mit der Butter cremig einkochen.

Zum Anrichten den Topinamburstampf mithilfe eines Servierringes in tiefen Tellern anrichten. Mithilfe der Spritzflasche einen großzügigen Klecks Apfelgel auf den Topinamburstampf geben und das Fischfilet darauflegen. Mit Apfel-perlen, Apfelgel und gerösteten Schalotten garnieren. Die Cidresauce vorsichtig an der Seite angießen; sie sollte das Gericht begleiten und nicht ertränken.

FÜR DIE ZWIEBELCREME
4 Zwiebeln
250 ml Gemüsebrühe
100 ml Sahne
50 g Butter

FÜR DEN RISOTTO
1 rote Zwiebel
Olivenöl
150 g Risottoreis (am besten Arborio)
150 ml trockener Weißwein
500 ml Rote-Bete-Saft
6 Scheiben Pancetta
6 Jakobsmuscheln

Salz
frisch gemahlener schwarzer Pfeffer
2 EL Butter

# Rote-Bete-Risotto mit Jakobsmuscheln, Pancetta & Zwiebelcreme

FÜR 2 PERSONEN

*Übrigens: Ich entsafte mir für diesen Risotto ganz gerne die Roten Beten selbst. Wer keine Saftpresse hat, erhält Rote-Bete-Saft im Biomarkt. Bei der Auswahl unbedingt darauf achten, dass es sich um Saft ohne Zuckerzusatz handelt.*

Für die Zwiebelcreme die Zwiebeln schälen und vierteln. In einem kleinen Topf gemeinsam mit Brühe, Sahne und Butter weich kochen. Diesen Sud mit den weich gekochten Zwiebeln in einen hohen Mixbehälter geben und mit dem Stabmixer ganz fein pürieren. Abschließend durch ein feines Haarsieb streichen. Bis zur weiteren Verwendung beiseitestellen.

Für den Risotto die Zwiebel schälen und fein hacken. In einer Pfanne etwas Olivenöl erhitzen und die Zwiebel darin anschwitzen. Den Reis dazugeben und kurz mitbraten. Mit dem Weißwein ablöschen. In den folgenden etwa 15 Minuten den Risotto immer wieder gut durchrühren, dabei portionsweise den Rote-Bete-Saft einarbeiten. Wenn der Saft eingekocht ist, Wasser einrühren. Auf diese Weise den Risotto bissfest kochen. Wer mag, kann ihn auch etwas länger und damit weicher garen.

Inzwischen die Pancettascheiben nebeneinander auf ein antihaftbeschichtetes Backblech legen und im nicht vorgeheizten Backofen bei 180 °C (Umluft) kross backen.

In einer kleinen Pfanne etwas Olivenöl erhitzen und darin die Jakobsmuscheln mit etwas Salz und Pfeffer bestreut von beiden Seiten je 2–3 Minuten braten, sodass sie mittig noch schön glasig sind.

Sobald der Risotto gar ist, den Topf vom Herd nehmen und die Butter in den Risotto rühren. Zum Anrichten den Risotto in 3 Häufchen auf tiefen Tellern arrangieren, die Jakobsmuscheln darauf verteilen, die Zwiebelcreme darüberträufeln und den kross gebackenen Pancetta fein darüber zerkrümeln.

6 Riesengarnelen (6/8)
1 Vanilleschote
Olivenöl
Salz
frisch gemahlener schwarzer Pfeffer
1 Schalotte
150 g Risottoreis (Venere)
150 ml trockener Weißwein
1 l Gemüsebrühe
20 g Butter

# Vanille-Venere-Risotto mit Riesengarnelen

FÜR 2 PERSONEN

*Übrigens: Venere wird auch »Reis der Liebenden« oder »Venus-Reis« genannt. Er ist ein Naturreis und hat einen unglaublich feinen, nussigen Geschmack. Daher sollte er durchdacht eingesetzt werden. Vanille liefert eine sehr feine Ergänzung zu dem nussigen Aroma.*

*Riesengarnelen (6/8) bedeutet, dass auf 1 kg 6–8 Stück kommen. Es handelt sich um eine im Handel gängige Größenangabe. Kleinere Garnelen tragen etwa die Angabe 13/15.*

Die Riesengarnelen schälen. Die Vanilleschote der Länge nach aufschlitzen und das Mark herauskratzen, die Schote beiseitelegen. Das Garnelenfleisch gemeinsam mit etwas Olivenöl, dem Vanillemark sowie Salz und Pfeffer in einen verschließbaren Gefrier- oder einen Vakuumbeutel geben. Das Ganze mindestens 1 Stunde im Kühlschrank marinieren lassen.

Die Schalotte schälen und fein hacken. In einer antihaftbeschichteten Pfanne etwas Olivenöl erhitzen und die Schalotte darin anschwitzen. Den Reis dazugeben, kurz mitbraten und dann mit dem Weißwein ablöschen. Die ausgekratzte Vanilleschote dazugeben. Den Risotto unter regelmäßigem Rühren und Zugabe von Brühe bissfest kochen. Mit Salz und Pfeffer abschmecken.

Kurz bevor der Risotto fertig ist, die Garnelen aus der Marinade heben. Eine Pfanne ohne Fett erhitzen und die Riesengarnelen darin von beiden Seiten je 2 Minuten kräftig anbraten; innen sollten sie aber noch zart bleiben.

Den fertig gegarten Risotto vom Herd nehmen und die Butter unterrühren. Zum Anrichten den Risotto jeweils in die Mitte eines tiefen Tellers geben. Je 3 Riesengarnelen auf den Risotto legen.

2 große Süßkartoffeln (à 200 g)
3 Frühlingszwiebeln
200 g Pökelfleisch
Salz
frisch gemahlener schwarzer Pfeffer
1 Ei, Größe L
Olivenöl zum Anbraten

200 g Schmand
Salz
frisch gemahlener weißer Pfeffer

# Süßkartoffelrösti mit Pökelfleisch

FÜR 2 PERSONEN

*Übrigens: Dieses »Seelenfutter« ist eigentlich schnell zubereitet und hilft beim Abschalten nach einem stressigen Tag. Denn beim Reiben und Ausbraten ist man gezwungen, sich auf die einfachen Dinge im Leben zu konzentrieren.*

Die Süßkartoffeln schälen und fein reiben.

Die Frühlingszwiebeln waschen, putzen und in feine Streifen schneiden, dabei etwas Grün zum Garnieren beiseitelegen.

Das Pökelfleisch in sehr feine Streifen schneiden. Das Gemüse sowie das Fleisch miteinander vermischen und mit Salz und Pfeffer abschmecken. Dann das Ei in die Masse einarbeiten. Etwa 10–20 Minuten bei Zimmertemperatur ziehen lassen.

In einer beschichteten Pfanne das Olivenöl erhitzen. Mit zwei Esslöffeln Röstis formen, alternativ mit einem Löffel längliche Röstifladen in die Pfanne geben. Die Röstis im heißen Öl auf beiden Seiten goldbraun ausbacken.

Den Schmand mit Salz und Pfeffer abschmecken.

Die Röstis mit dem Schmand garnieren und mit dem restlichen Zwiebelgrün bestreut servieren.

1 kg mehligkochende Kartoffeln
200–400 g glutenfreie Mehlmischung
1 Ei, Größe L
½ TL Salz

# Selbst gemachte Gnocchi

FÜR 4–6 PERSONEN

*Übrigens: Gnocchi immer Stück für Stück reichlich mit Mehl bestäuben, damit sie nicht aneinander oder an der Unterlage kleben bleiben. Die fertig geformten Gnocchi lassen sich ganz einfach in einer Frischhaltebox oder vakuumiert einfrieren. Bei Bedarf kann man sie portionsweise aus dem Gefrierschrank nehmen.*

In einem großen Topf mit Wasser die ungeschälten Kartoffeln weich kochen. Die noch heißen Kartoffeln schälen und warm durch eine Kartoffelpresse drücken.

Die Kartoffelmasse komplett abkühlen lassen. Dann in einer großen Schüssel mit den Händen die restlichen Zutaten mit der Kartoffelmasse vermengen. Alles zu einem homogenen Teig verkneten.

Den Teig in 6 Portionen aufteilen und diese mit den Handballen auf einer bemehlten Arbeitsfläche zu länglichen Würsten rollen (von etwa 2 cm Durchmesser). Mit einem Spachtel oder einem scharfen Messer etwa 2 cm breite Gnocchi von den Würsten abstechen.

Die Gnocchi auf eine bemehlte Unterlage legen und großzügig mit Mehl bestäuben, auch bei anschließender Verwendung.

In einem großen Topf gesalzenes Wasser sprudelnd aufkochen und darin die Gnocchi garen, bis sie an die Oberfläche schwimmen. Dabei gegebenenfalls portionsweise arbeiten. Dann die Gnocchi mit einer Schaumkelle herausnehmen und in der jeweiligen Sauce warm halten.

1 Schalotte
2 Knoblauchzehen
1 Peperoni
2 Salsiccia-Würste
Olivenöl zum Anbraten
5 Cocktailtomaten
200 ml Passata

400 g Gnocchi (siehe Seite 50)
1 Handvoll geriebener Parmesan
Salz
frisch gemahlener schwarzer Pfeffer

# Gnocchi mit Salsiccia, Peperoni & Cocktailtomaten

FÜR 2 PERSONEN

*Übrigens: Die Gnocchi sollten unbedingt in sprudelndem Wasser kochen. Ansonsten gibt's eine richtige Kartoffelpampe. Es sollten auch nie aus Zeit-, Faulheits- oder Hungergründen zu viele Gnocchi auf einmal ins Wasser gelangen. Denn dann sinkt die Temperatur des Wassers zu schnell. Lieber geduldig sein und die Gnocchi portionsweise garen.*

Die Schalotte und den Knoblauch schälen, beides klein schneiden. Die Peperoni klein schneiden.

Die Salsiccia entpellen und das Wurstbrät in kleine Stücke zupfen. Dann in einer Pfanne etwas Olivenöl erhitzen und das Brät darin scharf anbraten. Die Schalotte, den Knoblauch und die Peperoni dazugeben.

Die Cocktailtomaten waschen, halbieren und mit in die Pfanne geben. Nach etwa 2 Minuten alles mit der Passata ablöschen und die Temperatur so weit wie möglich herunterregeln.

Inzwischen in einem großen Topf reichlich gesalzenes Wasser sprudelnd aufkochen. Die Gnocchi ins sprudelnde Wasser geben und garen, bis sie an die Oberfläche schwimmen. Dabei gegebenenfalls portionsweise arbeiten. Mit einer Schaumkelle die fertig gegarten Gnocchi herausheben und in die Pfanne zur Salsiccia geben. Die Gnocchi mit ihrer Sauce bei hoher Temperatur in 1–2 Minuten cremig einkochen.

Den geriebenen Parmesan dazugeben und gut unterrühren. Alles mit Salz und Pfeffer abschmecken, dann heiß servieren.

3 Stangen Lauch
6 Scheiben Landschinken
1 Rezeptmenge Béchamelsauce
(siehe Seite 180)
100 g Schweizer Bergkäse, gerieben
Salz
frisch gemahlener schwarzer Pfeffer

# Lauch im Schinkenmantel mit Schweizer Bergkäse

FÜR 2 PERSONEN

*Übrigens: Dazu passen Salzkartoffeln oder ein kräftiges Landbrot. Der grüne Teil des Lauchs hat eine längere Garzeit, deshalb verwende ich ihn lieber für eine Gemüsebrühe (siehe Seite 185). Er enthält allerdings sehr viel mehr Betacarotin als der weiße Teil und sollte aus diesem Grund auf keinen Fall in der Mülltonne landen.*

Den Backofen auf 180 °C (Umluft) vorheizen.

Den Lauch von den äußeren Blättern sowie dem unteren Ende befreien, das Gemüse waschen und quer dritteln. Das obere Drittel für Gemüsebrühe benutzen.

In einem Topf reichlich gesalzenes Wasser zum Kochen bringen und die zwei unteren Drittel des Lauchs darin etwa 15 Minuten garen. Herausnehmen und gut abtropfen lassen. Die gekochten Lauchstangen mit dem Schinken ummanteln und in eine Auflaufform legen.

Die Béchamelsauce auf und um die Lauchstangen verteilen, alles mit dem geriebenen Bergkäse bestreuen. Den Lauch im Ofen etwa 30 Minuten überbacken. Am besten in der Auflaufform und nach Belieben mit Salz und Pfeffer bestreut servieren.

# KAPITEL 3

# Grün & knackig

*Gemüse kann viel mehr: Lassen Sie sich verführen.*

300 g Pastinaken
etwa 2 EL Olivenöl
½ Bund frischer Thymian,
einige Zweige mit Blüten zum
Garnieren beiseitelegen
Salz
frisch gemahlener schwarzer Pfeffer

1 Birne (etwa Williams Christ)
Saft von 1 Zitrone
1 Handvoll Haselnusskerne
4 sehr frische Eier, Größe M

# Pochierte Eier auf gebackenen Pastinaken

FÜR 2 PERSONEN

*Übrigens: Die meisten Thymiansorten blühen im Sommer; die Blüten sind essbar. Die Blätter sind am intensivsten im Geschmack kurz vor der Blüte — wer also alles richtig machen will, schafft es vielleicht, im Juni sowohl blühenden als auch noch nicht blühenden frischen Thymian auf dem Markt zu besorgen.*

Den Backofen auf 180 °C (Umluft) vorheizen. Ein Backblech mit Backpapier auslegen.

Die Pastinaken schälen, der Länge nach in dünne Scheiben schneiden und diese nebeneinander auf das Backblech legen. Das Wurzelgemüse mit dem Olivenöl beträufeln und mit Thymian, Salz und Pfeffer gleichmäßig bestreuen. Im Ofen in 10–15 Minuten kross backen.

Inzwischen die Birne schälen. Mit einem Perlenausstecher kleine Kugeln aus dem Fruchtfleisch der Birne stechen und die Perlen in einer Mischung aus Zitronensaft, Salz und Pfeffer marinieren.

Die Haselnüsse in einer antihaftbeschichteten Pfanne ohne Fett rösten, dann grob hacken.

Einen Topf mit Wasser zum Kochen bringen, dann den Topf vom Herd nehmen. Die Eier aufschlagen und nacheinander jeweils sehr vorsichtig in das heiße Wasser gleiten lassen. Jedes Ei etwa 5 Minuten darin pochieren und anschließend herausheben. Gegebenenfalls zwischendurch das Wasser nochmals aufkochen lassen, den Topf dann aber wieder vom Herd ziehen. Die Eier dürfen nicht im kochenden Wasser sein.

Die kross gebackenen Pastinaken auf Tellern verteilen, die marinierten Birnenperlen dazugeben und alles mit den gerösteten Haselnüssen bestreuen. Dazu die Thymianzweige mit Blüten legen. Die pochierten Eier vorsichtig auf die Pastinaken setzen und vor dem Servieren alles mit Salz bestreuen.

3 große Fleischtomaten
2 Zwiebeln
2 Knoblauchzehen
4–6 Pimientos de Padrón
Olivenöl
2–3 EL gehackte Petersilie
300 ml Passata
4 Eier, Größe M
Salz
frisch gemahlener schwarzer Pfeffer

# Schakschuka mit Eiern & Pimientos de Padrón

FÜR 4 PERSONEN

*Übrigens: Schakschuka gilt in Israel als Nationalgericht, sie stammt wohl ursprünglich aus dem Maghreb. Dazu schmeckt frisch aufgebackenes, glutenfreies Brot, das sich auch gut zum Eintunken nutzen lässt .*

Die Tomaten mit heißem Wasser aus dem Wasserkocher überbrühen, einige Minuten ziehen lassen. Dann mit einem kleinen Messer schälen.

Die Zwiebeln und den Knoblauch schälen, die Tomaten, die Zwiebeln und den Knoblauch gemeinsam mit den Pimientos klein würfeln. In einer servierfähigen Pfanne mit Deckel etwas Olivenöl erhitzen. Die Tomaten, die Zwiebeln und den Knoblauch darin anschwitzen. Die Tomaten sollten dabei leicht schmoren und ihren Saft abgeben.

Nach etwa 10 Minuten die Petersilie sowie die Passata mit in die Pfanne geben und alles bei geringer Temperatur einkochen lassen. Mit Salz und Pfeffer abschmecken.

Wenn die Schakschuka die gewünschte, dick-sämige Konsistenz erreicht hat, die Eier etwa 5 Minuten in der Tomatensauce pochieren. Dazu vier kleine Mulden in die Schakschuka drücken und die Eier vorsichtig hineingleiten lassen. Den Deckel der Pfanne auflegen.

Schakschuka wird am besten in der Pfanne serviert und jeder bedient sich am Tisch, denn so kommen die Farben und Aromen des Gerichts ideal zur Geltung.

1 Handvoll Löwenzahn,
alternativ Mangold
½ Zwiebel
1 Knoblauchzehe
5 EL Olivenöl plus etwas mehr
für die Ofenform
Salz
frisch gemahlener schwarzer Pfeffer
200 g Ricotta

4 Pfannkuchen (siehe Seite 154)
1 Rezeptmenge Béchamelsauce
(siehe Seite 180)
200 ml Sahne
frisch geriebene Muskatnuss
frisch geriebener Parmesan

# Gefüllte Pfannkuchen mit Löwenzahn & Ricotta

FÜR 2 PERSONEN

Den Backofen auf 180 °C (Umluft) vorheizen. Eine ofenfeste Form (mindestens 15 × 20 cm) mit Öl auspinseln.

Den Löwenzahn waschen, trocken schütteln und in kleine Stücke schneiden. Die Zwiebel schälen und fein würfeln. Auch den Knoblauch schälen.

Eine Pfanne erhitzen, dann das Olivenöl hineingeben. Den Löwenzahn und die Zwiebel in die Pfanne geben, dann den Knoblauch durch die Presse dazudrücken. Alles gemeinsam bei hoher Temperatur in etwa 8 Minuten dünsten. Mit Salz und Pfeffer abschmecken.

Den Ricotta in eine große hitzebeständige Schüssel umfüllen, mit einem Holzlöffel grob zerkleinern. Den Pfanneninhalt ebenfalls in die Schüssel geben und alles miteinander vermengen.

Die Pfannkuchen mit dieser Masse füllen. Dazu jeweils 1 Pfannkuchen auf die Arbeitsfläche legen, etwa 2 EL der Füllmasse in die Mitte geben. Dann die Seiten einklappen und von unten aufrollen. Die gefüllten Pfannkuchen nebeneinander in die vorbereitete Ofenform geben.

In einem kleinen Topf die Béchamelsauce gemeinsam mit der Sahne aufkochen. Mit Salz, Pfeffer und Muskatnuss abschmecken, dann gleichmäßig über die Pfannkuchen in der Form gießen. Die gefüllten Pfannkuchen 20–30 Minuten im Ofen überbacken.

Abschließend die Form aus dem Ofen nehmen und auf jeden Teller eine Portion der überbackenen und gefüllten Pfannkuchen geben. Mit geriebenem Parmesan bestreuen.

FÜR DIE ORANGEN-KAROTTEN
1 Bund gemischte dünne Karotten
1 unbehandelte Orange
5 EL Olivenöl
Salz
frisch gemahlener schwarzer Pfeffer
1 EL flüssiger Honig

80 g bunte Quinoamischung
125 g Schafsjoghurt
Saft von ½ Zitrone
Salz
frisch gemahlener schwarzer Pfeffer
1 Granatapfel
1 Stängel Thymian, nach Belieben

# Geröstete Orangen-Karotten mit Quinoa, Schafsjoghurt & Granatapfel

FÜR 2 PERSONEN

*Übrigens: Das Auslösen der Granatapfel-samen kann mit einer blutroten Küchen-wand enden. Die Samen sind bei einigen Gemüsehändlern und auf Märkten auch schon fertig ausgelöst erhältlich. Wer jedoch sichergehen möchte, dass sie schön frisch und knackig sind, sollte die Mühen nicht scheuen!*

Den Backofen auf 180 °C (Umluft) vorheizen.

Die Karotten schälen, dabei jedoch etwas Grün stehen lassen. Gegebenenfalls Einmalhandschuhe tragen, da einige bunte Karottenarten die Hände ein-färben. Die Karotten jeweils der Länge nach halbieren und dann in eine ofen-feste Form legen. Die Orange in Spalten schneiden und diese in die Form zu den Karotten legen.

In einer kleinen Schüssel Olivenöl, Salz, Pfeffer und Honig vermischen. Dieses Dressing über die Orangen-Karotten geben, alles kurz mit den Händen durch-mischen. Das fruchtige Gemüse 15–20 Minuten im Ofen schmoren. Die Karot-ten sollten anschließend noch etwas Biss haben.

Inzwischen die Quinoa nach Packungsanleitung garen.

In einer Schüssel den Schafsjoghurt mit Zitronensaft verrühren, mit Salz und Pfeffer abschmecken.

Den Granatapfel halbieren. Mit einem Kochlöffel auf die Schale klopfen, sodass die Samen in eine Schüssel fallen. Die Samen in einem Sieb unter fließendem Wasser von der restlichen Haut befreien.

Die Quinoa 5 Minuten vor Ende der Backzeit über den Karotten verteilen, das Ganze weiter backen. Den Thymian waschen und trocken schütteln.

Die fertig gegarten Karotten mit der gerösteten Quinoa auf Tellern verteilen. Den Schafsjoghurt darüberträufeln und mit Granatapfelsamen bestreuen. Oben-auf jeweils ½ Stängel Thymian nach Belieben legen und servieren.

FÜR DEN BLUMENKOHL
500 ml Erdnussöl
½ großer Kopf Blumenkohl
100 g Reismehl
150 ml glutenfreie Sojasauce
70 g Reissirup
3 EL Mirin (Reiswein)

FÜR DIE PILZE
10 frische Shiitakepilze
2 große Zwiebeln
1 Bund Koriander
1 Stück (à 2 cm) frischer Ingwer
4 EL Erdnussöl

120 g Basmatireis
ungesalzene Erdnusskerne
1 Frühlingszwiebel, nur das Grüne
Sesamsamen, geröstet

# Glasierter Blumenkohl mit Shiitakepilzen & Reis

FÜR 2 PERSONEN

*Übrigens: Reismehl wird hauptsächlich aus gemahlenem Langkornreis hergestellt, es ist glutenfrei und hat bindende Eigenschaften (allerdings nicht für kalte Zutaten). In der asiatischen Küche wird Reis meist ohne vorherige Zugabe von Salz gegart, da die Saucen genug Würze enthalten.*

Das Erdnussöl in einen Topf geben und auf 180–190 °C erhitzen, mit einem Bratenthermometer kontrollieren. Alternativ ein Holzstäbchen hineinhalten: Sobald sich am Holz Bläschen bilden, liegt die Temperatur bei etwa 170 °C. Also noch etwa 1 Minute warten. Den Backofen auf 60 °C (Ober-/Unterhitze) vorheizen.

Inzwischen den Blumenkohl in kleine Röschen zupfen, den Strunk entfernen. Die Blumenkohlröschen in Reismehl wenden und portionsweise in dem heißen Erdnussöl frittieren. Mit einer Schaumkelle herausheben, auf Küchenpapier entfetten. Im Ofen warm halten.

In einer kleinen Pfanne Sojasauce, Reissirup und Mirin bei hoher Temperatur zu einer Glasur einkochen. Danach bei niedriger Temperatur warm halten.

Den Strunk der Shiitakepilze entfernen, die Pilzköpfe mit Küchenpapier abreiben und die Pilze in Scheiben schneiden. Die Zwiebeln schälen und achteln. Den Koriander waschen, trocken schütteln und fein hacken, dabei Stiele und Blätter trennen. Den Ingwer schälen und fein reiben. In einer Pfanne das Erdnussöl erhitzen. Darin Pilze, Zwiebeln, Korianderstiele und Ingwer bei mittlerer Temperatur etwa 5 Minuten anschwitzen. Die Korianderblätter anschließend unterrühren, dabei einige zum Garnieren beiseitelegen.

Inzwischen den Reis in einem Sieb gründlich waschen, dann in einen kleinen Topf geben. So viel Wasser angießen, dass der Reis etwa 1 cm hoch bedeckt ist (Reis zu Wasser im Verhältnis 1 zu 1,5 rechnen). Den Deckel auflegen und den Reis bei hoher Temperatur aufkochen lassen. Dann den Herd sofort auf die niedrigste Temperatur einstellen und den Reis etwa 20 Minuten quellen lassen.

Den frittierten und leicht abgekühlten Blumenkohl in die kleine Pfanne zur Glasur geben und darin vorsichtig wenden. Dann den Blumenkohl herausheben, warm beiseitestellen. Die restliche Glasur zu den angeschwitzten Shiitakepilzen geben, etwa 100 ml Wasser angießen und alles einkochen lassen.

Zum Servieren die Erdnüsse grob hacken, das Grün der Frühlingszwiebel in feine Röllchen schneiden. Die Pilze auf den Tellern verteilen. Den glasierten Blumenkohl darauf anrichten. Alles mit gehackten Erdnüssen, Korianderblättern und Frühlingszwiebeln sowie mit frisch geröstetem Sesam bestreuen. Den Reis separat dazu servieren.

FÜR DIE GEBACKENEN TOMATEN
250 g Cocktailtomaten an der Rispe
3–4 EL flüssiger Honig
etwa 5 EL Olivenöl

2 Büffelmozzarella
2 reife große Fleischtomaten
Salz
frisch gemahlener schwarzer Pfeffer

# Variation von der Tomate mit Büffelmozzarella

FÜR 2 PERSONEN

*Übrigens: Natürlich schmeckt ganz frisch (auf-)gebackenes, glutenfreies Landbrot am besten dazu. Wenn es wirklich noch mehr sein soll, 100 g bunte Quinoamischung nach Packungsanleitung garen und als Beilage dazu reichen.*

Für das Tomatengel in einen Topf 200 ml Tomatensaft sowie Agar-Agar, Salz und Pfeffer geben. Diese Mischung unter ständigem Rühren mit dem Schneebesen sprudelnd aufkochen, dann 1–2 Minuten kochen lassen. Den Topfinhalt in einen großen tiefen Teller geben und abkühlen lassen. Sobald die Masse geliert ist, diese gemeinsam mit dem restlichen Tomatensaft (50 ml) zu einem glatten Gel vermixen. Danach das Gel am besten in eine Spritzflasche umfüllen, alternativ einen Spritzbeutel mit kleiner Tülle verwenden.

Für die gebackenen Tomaten den Ofen auf 180 °C (Umluft) vorheizen. Ein Backblech mit Backpapier auslegen. In einem tiefen Teller den Honig mit dem Olivenöl verquirlen. Die Cocktailtomaten inklusive Kelch darin wenden, sodass die gesamte Tomate mit der Mischung benetzt ist. Die Tomaten nebeneinander auf das Backblech legen und etwa 15 Minuten im Ofen backen.

Inzwischen den Büffelmozzarella mittig auf den Tellern platzieren. Die Fleischtomaten waschen und achteln.

Die gebackenen Tomaten sowie die frischen Tomatenachtel in einem Strang um den Mozzarella herum arrangieren. Das Tomatengel mithilfe der Spritzflasche auf die Tomaten und den Mozzarella geben. Alles mit gutem Olivenöl beträufeln, dann mit Salz und Pfeffer bestreut servieren.

FÜR DIE TOMATENSAUCE
1 rote Zwiebel
3 Knoblauchzehen
Olivenöl
3 EL Kokosblütenzucker
500 g stückige Tomaten (Dose)
frisch gemahlener schwarzer Pfeffer
2 getrocknete Lorbeerblätter
1 TL getrockneter Oregano
Salz
6 glutenfreie Lasagneblätter

FÜR DEN SPINAT
1 Schalotte
Olivenöl
500 g junger Spinat

200 g Ricotta
Salz
frisch gemahlener schwarzer Pfeffer

# Offene Lasagne mit Tomatensauce, Ricotta & Spinat

———————

FÜR 2 PERSONEN

Für die Tomatensauce die Zwiebel und den Knoblauch schälen, beides fein hacken. In einem Topf etwas Olivenöl erhitzen. Die Zwiebel und den Knoblauch darin anschwitzen. Den Kokosblütenzucker dazugeben und alles karamellisieren lassen. Die Tomaten aus der Dose samt Saft dazugeben. Die Sauce mit Pfeffer, Lorbeerblättern und Oregano würzen, mit Salz abschmecken. Bei mittlerer Temperatur auf die Hälfte einkochen lassen.

Die Lasagneblätter nach Packungsanleitung al dente garen. Den Backofen auf 60 °C (Ober-/Unterhitze) vorheizen und die Servierteller darin vorwärmen.

Inzwischen für den Spinat die Schalotte schälen und fein würfeln. In einer Pfanne etwas Olivenöl erhitzen und die Schalotte darin anschwitzen. Den Spinat waschen, trocken schütteln und gegebenenfalls verlesen. Den Spinat zu der angeschwitzten Schalotte geben und in etwa 5 Minuten zerfallen lassen. Abschließend salzen und pfeffern.

Den Ricotta in einer Schüssel mit Salz und Pfeffer abschmecken.

Jetzt wird geschichtet: Mit einem fertig gegarten Lasagneblatt beginnen. Aus der Tomatensauce die Lorbeerblätter entfernen. Auf die Pastaschicht etwa 3 EL Tomatensauce geben sowie etwas Spinat und Ricotta. Auf diese Weise drei Schichten übereinander direkt auf den Serviertellern anrichten. Nach Belieben mit einem Holzspieß fixieren.

1 Knoblauchzehe
1 Schalotte
Olivenöl
150 g Risottoreis, am besten Arborio
100 ml trockener Weißwein
1 l Gemüsebrühe (siehe Seite 185)
200 ml Tomatensauce (siehe Seite 74)
8 EL Pesto (siehe Seite 184)
50 g Butter

1 Handvoll frisch geriebener
Parmesan
2 Kugeln Burrata
(italienischer Frischkäse)
8 frische Basilikumblätter

# Basilikumrisotto mit Burrata auf Tomatenspiegel

FÜR 2 PERSONEN

*Übrigens: Die Butter für den Risotto sollte immer zum Schluss hinzugegeben werden. Der Topf sollte dann auch nicht mehr auf dem Herd stehen, damit sich die Creme nicht vom Korn trennt, sondern ein schlotziger, kompakter Risotto entsteht. Wer mag, kann natürlich mehr Parmesan unterrühren. Bei Risotto mit Fisch verzichte ich ganz gerne, wie die Italiener, auf den Parmesan.*

Den Knoblauch und die Schalotte schälen, beides fein schneiden. In einem Topf etwas Olivenöl erhitzen. Den Knoblauch und die Schalotte darin anschwitzen. Die Temperatur erhöhen, den Risottoreis dazugeben und kurz, aber kräftig mitbraten. Mit dem Weißwein ablöschen. Den Reis unter Rühren und stetiger Zugabe von Gemüsebrühe weich garen.

Zum Ende der Garzeit die Tomatensauce erwärmen.

Von dem Pesto 6 EL zügig unter den Risotto rühren und den Topf vom Herd nehmen. Dann die Butter sowie den frisch geriebenen Parmesan unter den Risotto rühren.

Die Tomatensauce in tiefen Tellern verteilen, den Risotto in die Mitte geben (nach Belieben mit einem Servierring) und jeweils 1 Burratakugel obenauf leicht in den Risotto eindrücken. Mit Basilikumblättern und je 1 Nocke (à etwa 1 EL) Pesto garniert servieren.

FÜR DIE POLENTA
250 ml Gemüsebrühe (siehe Seite 185)
100 ml Sahne
etwa 50–100 g Instant-Polenta
Salz
frisch gemahlener schwarzer Pfeffer

FÜR DIE GEBACKENEN
PASTINAKEN
300 g (etwa 3) Pastinaken
Olivenöl
Salz
frisch gemahlener schwarzer Pfeffer
100 g Gorgonzola

# Cremige Polenta mit gebackenen Pastinaken & Gorgonzola

FÜR 2 PERSONEN

In einem Topf die Gemüsebrühe mit der Sahne aufkochen. Unter ständigem Rühren mit einem Schneebesen die Polenta einrieseln lassen und cremig einkochen. Salzen und pfeffern, warm beiseitestellen. Jedoch gelegentlich umrühren, damit die Polenta nicht ansetzt. Den Backofen auf 180 °C (Umluft) vorheizen.

Inzwischen die Pastinaken schälen und der Länge nach in sehr dünne Scheiben schneiden, dafür am besten mit dem Gemüsehobel arbeiten. Ein Backblech mit Backpapier auslegen und die Pastinakenscheiben darauf mit Olivenöl, Salz und Pfeffer vermischen. Im Ofen in etwa 15 Minuten backen.

Die Polenta in tiefe Teller geben. Den Gorgonzola mit den Fingern zerpflücken und darauf verteilen Die gebackenen Pastinaken darauf anrichten. Sofort und ganz heiß servieren.

# Hot & spicy

*Die besten Gewürze: Liebe & Fantasie*

2 Lachsfilets (à 100 g)
400 ml glutenfreie Sojasauce
100 ml Ahornsirup
50 ml Mirin (Reiswein)
1 Stück (1 cm) frischer Ingwer
Sesamöl
1 Bund Koriander
2 Frühlingszwiebeln

2 Mini-Pak-Choi
200 g Vermicelli-Reisnudeln
geröstetes Sesamöl
1 El Sesamsamen

# Teriyaki-Lachs mit Pak Choi & Reisnudeln

FÜR 2 PERSONEN

*Übrigens: Ein kleiner Ausflug in die asiatische Küche mit leicht scharfem Ingwer und mild-senfigem Pak Choi peppt auch die Liebe auf. Dieses leichte und doch anregende Gericht ist ideal für einen unbeschwerten Abend zu zweit.*

*Probieren Sie unbedingt mal geröstetes Sesamöl, es wird aus den gerösteten Samen gepresst und hat eine dunkle Farbe. Seine Aromen sind um einiges interessanter als die des hellen Sesamöls, sodass geröstetes Sesamöl in der asiatischen Küche eher als Würzmittel genutzt wird.*

Den Lachs abspülen, trocken tupfen und in einen hitzebeständigen Gefrier- oder Vakuumbeutel geben. In einem Topf Wasser auf 48 °C erhitzen (mit dem Bratenthermometer über mindestens 5 Minuten hinweg kontrollieren) oder ein Sous-vide-Gerät mit dieser Temperatur einstellen.

In einem kleinen Topf Sojasauce, Ahornsirup und Mirin auf die Hälfte einkochen. Diese Teriyaki-Sauce abkühlen lassen und zu dem Lachs in den Beutel geben, diesen fest verschließen. Den vakuumierten oder nur eingepackten Lachs 45 Minuten im Wasserbad schonend garen.

Inzwischen den Ingwer schälen und ganz fein hacken. In einer Wokpfanne nicht zu wenig Sesamöl erhitzen und den Ingwer darin anbraten. Den Koriander waschen, trocken schütteln und grob hacken, dabei Stiele und Blätter trennen. Die Frühlingszwiebeln waschen, putzen und das Grün in grobe Stücke schneiden. Das Weiß für Gemüsebrühe (siehe Seite 185) verwenden. Dann Korianderstiele und Frühlingszwiebel mit in die Pfanne mit dem Ingwer geben.

Den Mini-Pak-Choi waschen, gegebenenfalls die äußeren Blätter entfernen und den Strunk unten flach abschneiden. Die einzelnen Blätter in die Wokpfanne geben und durchschwenken.

Den fertig gegarten Lachs vorsichtig aus dem Beutel nehmen, beiseitestellen. Die Teriyaki-Sauce in die Pfanne zum Pak Choi geben. Die Reisnudeln dazugeben und gut umrühren. Falls zu viel Flüssigkeit in der Pfanne sein sollte, diese bei hoher Temperatur verkochen lassen. Abschließend den Lachs noch 2 Minuten in der Wokpfanne mit erwärmen.

Zum Anrichten die Reisnudeln mit dem Pak Choi in eine kleine Schüssel geben, die Lachsfilets obenauf legen und mit geröstetem Sesamöl beträufeln. Mit Koriandergrün garnieren und mit Sesamsaat bestreut servieren.

FÜR DEN GEBEIZTEN LACHS
100 g Erythritol
100 g Salz
500 g Lachsfilet

FÜR DEN FENCHELSALAT
1 Fenchelknolle
Olivenöl
Salz
frisch gemahlener schwarzer Pfeffer

FÜR DIE SAFRAN-AIOLI
1 Knoblauchzehe
1 Eigelb, Ei Größe M
etwa 200 ml Sonnenblumenöl
1 Msp. Safranpulver
Salz
frisch gemahlener schwarzer Pfeffer

FÜR DAS FENCHELÖL
100 ml Sonnenblumenöl
1 EL Fenchelsamen
2 Orangen

# Gebeizter Lachs mit Fenchelsalat, Orangenfilets & Safran-Aioli

FÜR 2 PERSONEN
(AM VORTAG BEGINNEN)

*Übrigens: Der Zuckeralkohol Erythritol kommt auch in Birnen oder Melonen vor. Im Handel erhältlich ist er etwa unter der Marke Sucolin. Gewonnen wird der Zuckerersatzstoff aus der Fermentation von Traubenzucker, er erzielt etwa 80 % der Süßkraft von Zucker. Aus diesem Grund benutze ich ihn für dieses Rezept: Er süßt, hält sich dabei aber im Hintergrund. Erythritol wird nicht verstoffwechselt, hat eine Energiebilanz von 10 kcal/100 g und bietet Kariesbakterien keine Nahrung. In größeren Mengen kann der Zuckeralkohol jedoch zu Durchfall oder Blähungen führen.*

In einer kleinen Schüssel Erythritol, Salz und 500 ml Wasser unter Rühren auflösen. Den Lachs in eine verschließbare Frischhaltebox legen und mit der Mischung bedecken. Die Box verschließen und den Lachs 24 Stunden im Kühlschrank ziehen lassen.

Am Folgetag den Fenchel waschen, das Grün abschneiden und für die Garnitur beiseitelegen. Die Fenchelschichten einzeln abnehmen, fein und gleichmäßig würfeln. In einer flachen Schüssel in Olivenöl, Salz und Pfeffer marinieren.

Für die Safran-Aioli den Knoblauch schälen. Das Eigelb in einen Schlagkessel geben. Den Knoblauch durch eine Knoblauchpresse zu dem Eigelb drücken. Mit einem Schneebesen leicht aufschlagen und dabei ganz langsam das Öl in einem dünnen Strahl angießen. Mit Safran, Salz und Pfeffer abschmecken, dann in eine Spritzflasche umfüllen.

Für das Fenchelöl in einer Pfanne das Sonnenblumenöl erhitzen und die Fenchelsamen darin rösten, bis das Öl intensiv nach Fenchel riecht. In eine kleine Schüssel umfüllen und beiseitestellen.

Die Orangen schälen und filetieren. Dafür die Ober- und Unterseite der Orangen kappen, mit einem scharfen Messer die Außenschalen und die weiße Haut entfernen. An den Innenhäuten entlangschneiden, so die Filets auslösen.

Zum Anrichten den Lachs aus der Beize nehmen, abwaschen und trocken tupfen. Mit einem scharfen Messer das Lachsfleisch schräg in dünne Scheiben schneiden und diese in einem langen Zopf auf einem flachen Teller anrichten. Den marinierten Fenchel dazwischen verteilen. Die Orangenfilets dazu arrangieren und die Safran-Aioli in kleinen Kleksen darüber geben. Mit Fenchelöl beträufeln und mit dem Fenchelgrün garniert servieren.

1 Dose weiße Bohnen
(Abtropfgewicht 250 g)
3 Orangen
1 rote Zwiebel
Saft von ½ Zitrone
Olivenöl
Salz
frisch gemahlener schwarzer Pfeffer
½ Chorizo-Wurst

4 Kalmare, küchenfertig
2 Zitronenschnitze von 1
unbehandelten Zitrone
einige Blätter glatte Petersilie

# Kalmar mit Chorizo
# auf Bohnen-Orangen-Salat

FÜR 2 PERSONEN

*Übrigens: Keine Angst vor der Zubereitung von Kalmar (Tintenfisch)! Einfach den Kopf abziehen, knapp hinter den Fangarmen abschneiden und entsorgen. Fangarme zusammendrücken und Kauwerkzeuge entfernen. Aus der Tube den Chitinstab herausziehen. Flossen, falls noch nicht beim Fischhändler geschehen, mit einem kräftigen Ruck vom Rumpf abziehen. Alles unter fließendem kaltem Wasser abspülen und dabei die schwarze Haut entfernen.*

Die Bohnen in einem Sieb abwaschen, dann gründlich abtropfen lassen.

Die Orangen schälen und filetieren. Dafür die Ober- und Unterseite der Orangen kappen, mit einem scharfen Messer die Außenschalen und die weiße Haut entfernen. An den Innenhäuten entlangschneiden, so die Filets auslösen.

Die Zwiebel schälen, halbieren und in feine Streifen schneiden. Diese gemeinsam mit den Bohnen und den Orangenfilets in eine Salatschüssel geben. Mit Zitronensaft, Olivenöl, Salz und Pfeffer anmachen, dann bei Zimmertemperatur beiseitestellen.

Von der Chorizo die Haut entfernen, das Wurstbrät grob würfeln und in einem Mixer zerkleinern. In einer Pfanne etwas Olivenöl erhitzen und die fein gehackte Chorizomasse darin knusprig ausbraten.

Die Kalmare salzen und pfeffern. In einer Grillpfanne etwas Olivenöl erhitzen und die Tintenfische darin auf jeder Seite 3–4 Minuten grillen. Die Kalmare herausnehmen und die Tuben in 2 cm dicke Ringe schneiden.

Die ausgebratene, krümelige Chorizo und die Kalmarstücke in die Schüssel zu dem Salat geben. Alles gut durchmischen und in tiefen Tellern, nach Belieben mit Zitronenschnitzen und einigen Petersilienblättern garniert, servieren.

½ rote Zwiebel

1 Knoblauchzehe

300 g Rinderhackfleisch

2–3 EL gehackte Petersilie

1 Ei, Größe M

1 Handvoll glutenfreies Paniermehl

½ TL geräuchertes Paprikapulver

½ TL Kreuzkümmelpulver

Sonnenblumenöl

3 frische Jalapeñoschoten

500 ml Passata

150 g Basmatireis

Salz

300 g Erbsen, TK-Ware

1 Handvoll frische Kresse

# Erbsenreis mit würzigen Hackbällchen in Tomaten-Jalapeño-Sauce

FÜR 2 PERSONEN

*Übrigens: Ich benutze für dieses Gericht gerne Basmati, Langkornreis eignet sich jedoch genauso gut. Wer mal ein bisschen experimentieren möchte, ersetzt die Erbsen durch Okraschoten oder Stangenbohnen.*

Die Zwiebel und den Knoblauch schälen. Die Zwiebel fein hacken, den Knoblauch durch die Presse drücken und beides gemeinsam mit dem Hackfleisch in eine Schüssel geben. Petersilie, Ei, Paniermehl und Gewürze hinzugeben. Alles gut miteinander verkneten. Die Hackfleischmasse zwischen den Handtellern zu kleinen Bällchen formen.

In einer Pfanne etwas Sonnenblumenöl erhitzen und die Hackbällchen darin von allen Seiten kräftig anbraten, gegebenenfalls portionsweise arbeiten. Dann auf Küchenpapier entfetten.

In einem großen Topf etwas Öl erhitzen. Die Jalapeños quer in dünne Scheiben schneiden und im Öl anbraten. Die Passata dazugeben; die gebratenen Hackfleischbällchen vorsichtig untermischen. Das Ganze bei niedriger Temperatur einkochen lassen.

Inzwischen in einem kleinen Topf den Reis nach Packungsanleitung kochen. In einem weiteren Topf die Erbsen in reichlich gesalzenem Wasser etwa 2 Minuten blanchieren, dann in Eiswasser abschrecken. Die Kresse waschen, trocken schütteln und abschneiden.

Den gekochten Reis und die Erbsen vermischen. Den Erbsenreis auf tiefe Teller geben und die Hackbällchen in Tomatensauce darauf anrichten. Mit Kresse bestreut servieren.

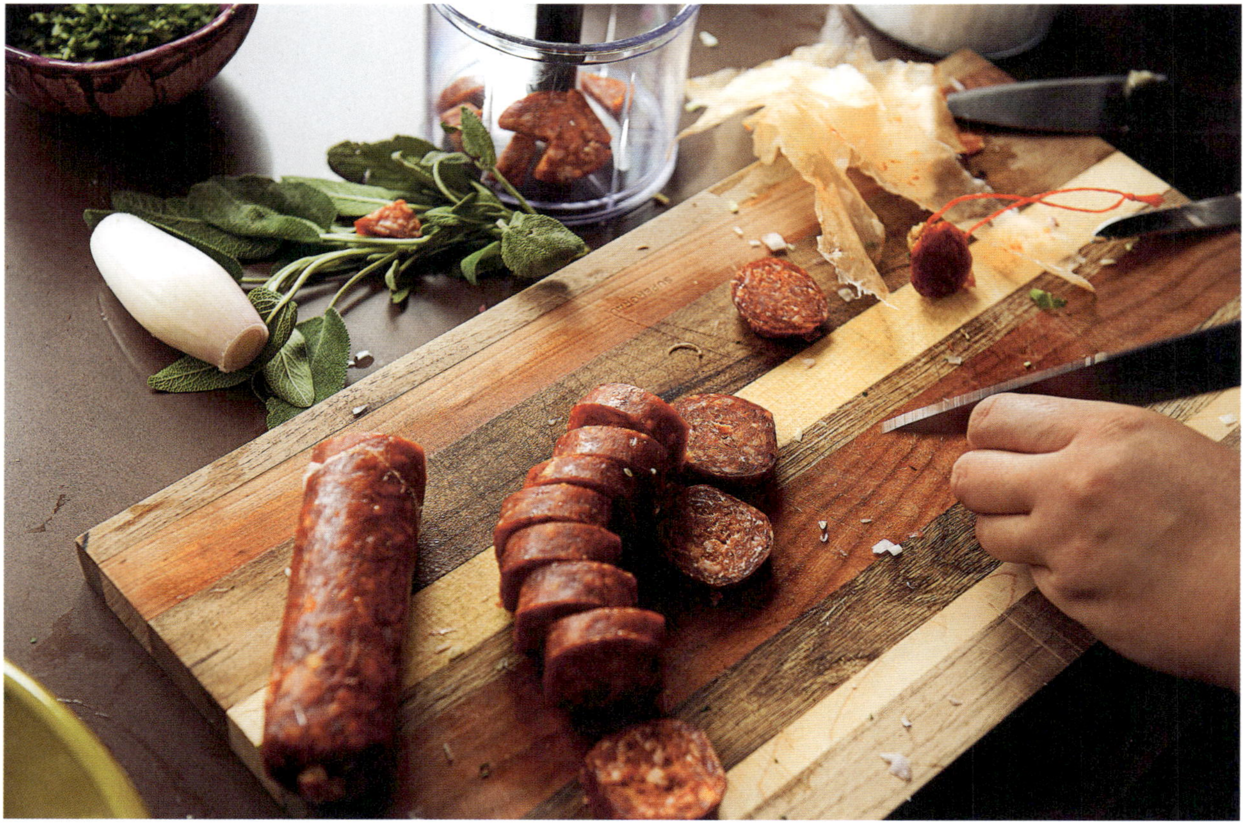

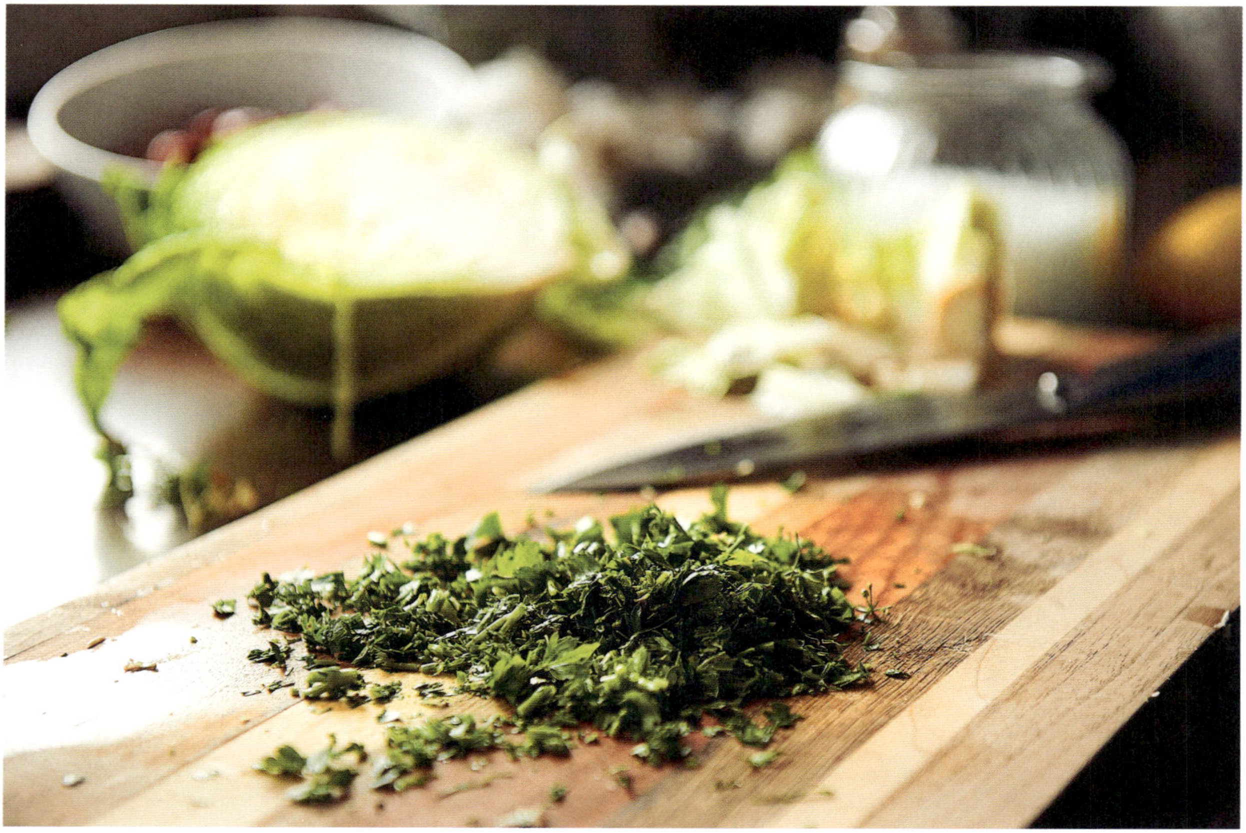

½ rote Zwiebel
2 Knoblauchzehen
100 g Chorizo-Wurst
Olivenöl
150 g Risottoreis (Arborio)
100 ml trockener Weißwein
etwa 400 ml Gemüsebrühe, erhitzt
300 ml Passata
8 Cocktailtomaten an der Rispe

Ahornsirup
1 Handvoll frisch geriebener
Parmesan
40 g Butter
Salz
frisch gemahlener Pfeffer
glatte Petersilie, gehackt

# Tomatenrisotto mit Chorizo & karamellisierten Cocktailtomaten

FÜR 2 PERSONEN

Die Zwiebel und den Knoblauch schälen, beides fein würfeln. Die Chorizo pellen und das Wurstbrät fein hacken.

Zwiebel, Knoblauch und Chorizo mit etwas Olivenöl in eine Pfanne geben und alles etwa 2 Minuten anbraten. Den Reis dazugeben, kurz mitbraten und dann mit dem Weißwein ablöschen. Den Risotto unter regelmäßigem Rühren sowie Zugabe von abwechselnd Brühe und Passata garen. Mit Salz und Pfeffer abschmecken.

Den Backofen auf 180 °C (Umluft) vorheizen.

Die Cocktailtomaten waschen, aber an der Rispe lassen. In eine ofenfeste Form setzen und die Tomaten mit etwas Ahornsirup sowie Olivenöl beträufeln. Die Tomaten etwa 15 Minuten im Ofen backen. Die Tomaten herausnehmen, nach Belieben salzen und in der Form beiseitestellen.

Den Parmesan unter den Risotto rühren. Dann den Risotto vom Herd nehmen und die Butter unterrühren, gleichzeitig mit Pfeffer abschmecken. Nach Belieben auch nachsalzen, doch die Brühe sollte eigentlich schon genug Salz geliefert haben.

Den Risotto gleichmäßig auf die Teller verteilen, die gehackte Petersilie darüberstreuen und die karamellisierten Tomaten darauf anrichten.

150 g Rindfleisch (Rumpsteak)
1 Stück (à 3 cm) frischer Ingwer
3 Knoblauchzehen
100 ml glutenfreie Sojasauce
1 EL geröstetes Sesamöl
2 rote Zwiebeln
1 Bund Koriander
½ Kopf Brokkoli

5 EL Sesamöl
200 g Dangmyun (koreanische
Süßkartoffelglasnudeln)
1 Handvoll Cashewkerne oder
ungesalzene Erdnusskerne

# Dangmyun mit mariniertem Rindfleisch & Brokkoli

FÜR 2 PERSONEN

*Übrigens: Dangmyun sind Glasnudeln aus Süßkartoffelstärke. Sie sind in getrockneter Form im Asiamarkt oder im Onlinehandel erhältlich. Süßkartoffelglasnudeln sind sehr vielseitig einsetzbar (in Suppen, Salaten oder als Teil einer Bowl), sie sättigen stark und nehmen die Aromen wunderbar auf.*

Das Fleisch quer zur Wuchsrichtung der Muskelfasern in sehr dünne Scheiben schneiden. Den Ingwer und den Knoblauch schälen, dann die Hälfte des Ingwers beiseitelegen. Den restlichen Ingwer und den Knoblauch in feine Scheiben schneiden. Fleisch-, Ingwer- und Knoblauchscheiben in einen Gefrierbeutel legen. Die Sojasauce und das Sesamöl als Marinade dazugeben. Im Kühlschrank mindestens 1 Stunde kalt stellen.

Die Zwiebeln schälen und achteln, den restlichen Ingwer klein hacken. Den Koriander waschen, trocken schütteln und fein hacken, dabei Blätter und Stiele trennen. Die Korianderblätter zum Garnieren beiseitelegen. Den Brokkoli waschen und in feine Röschen zerteilen. In einer Wokpfanne oder im Wok 3 EL Sesamöl erhitzen und darin den Ingwer und die Zwiebeln mit dem Gemüse und den Korianderstielen kräftig anbraten.

Das Gemüse herausnehmen und beiseitestellen, sobald der Brokkoli bissfest ist. Dann das restliche Sesamöl (2 EL) in den Wok geben. Das Fleisch aus der Marinade heben, abtropfen lassen und rundherum kräftig im Wok anbraten. Die Marinade beiseitestellen.

Das Fleisch aus dem Wok nehmen und beiseitestellen. Nun die Marinade gemeinsam mit 250 ml Wasser in den Wok geben und darin die Glasnudeln bei hoher Temperatur garen. Die Flüssigkeit sollte dabei verkochen.

Inzwischen in einer kleinen antihaftbeschichteten Pfanne die Cashewkerne oder Erdnüsse ohne Fett rösten.

Abschließend das Gemüse und das Fleisch nochmals in den Wok geben und alles gemeinsam kurz erhitzen. Die Glasnudeln mit dem Gemüse und dem Fleisch in Schüsseln anrichten und mit Korianderblättern sowie Erdnüssen oder Cashewkernen bestreut servieren.

# KAPITEL 5

# Dinner zum Angeben & Teilen

*Mit guten Freunden schmeckt gutes Essen noch besser.*

150 g mehligkochende Kartoffeln
150 g Pastinaken
150 ml Sahne
40 g Butter
Salz
frisch gemahlener schwarzer Pfeffer
2 Knoblauchzehen
2 Zweige Rosmarin
400 g Heilbuttfilet

Olivenöl
100 g ungesalzene Pistazien
50 g glutenfreies Paniermehl

# Heilbutt mit Pistazienkruste auf Kartoffel-Pastinaken-Püree

FÜR 2 PERSONEN

*Übrigens: Pistazien am besten noch in der Schale kaufen – ja, die kleine Extramühe lohnt sich durchaus. Außerdem kann man dann die eine oder andere Nuss schon beim Kochen snacken… Pistazien enthalten mehrfach ungesättigte Fettsäuren, wodurch sie den Cholesterinspiegel niedrig halten und Herz-Kreislauf-Erkrankungen vorbeugen können.*

Die Kartoffeln und die Pastinaken schälen, beides grob würfeln. Gemeinsam mit der Sahne und der Butter in einen Topf geben. So viel Wasser angießen, dass alles bedeckt ist und das Ganze in etwa 20 Minuten weich kochen. Sobald beide Gemüse gar sind, mit einem Kartoffelstampfer zu einem cremigen Püree verarbeiten. Mit Salz und Pfeffer abschmecken und bis zum Anrichten warm halten.

Inzwischen den Backofen auf 160 °C (Umluft) vorheizen. Den Knoblauch schälen, den Rosmarin waschen und trocken schütteln.

Den Heilbutt waschen, trocken tupfen, dann mit Salz und Pfeffer rundherum bestreuen. In einer Pfanne etwas Olivenöl erhitzen, darin den Knoblauch und den Rosmarin kurz anrösten. Den Fisch hinzugeben und kurz von beiden Seiten anbraten. Dann den Heilbutt auf einen ofenfesten Teller legen und gemeinsam mit dem Rosmarin im Ofen weitere 10 Minuten garen. Den Knoblauch entsorgen.

Inzwischen in einer antihaftbeschichteten Pfanne die Pistazien ohne Fett rösten. Dann gemeinsam mit dem Paniermehl, etwa 50 ml Olivenöl, Salz und Pfeffer in einem Mixer grob zerkleinern. Die Paste 5 Minuten vor Ende der Garzeit gleichmäßig als Kruste auf dem Fisch verteilen.

Zum Anrichten das Püree in die Mitte der Teller geben, dafür am besten mit einem Stellring arbeiten. Das Fischfilet mit Kruste vorsichtig darauf anrichten und servieren.

FÜR DIE ENTE
2 Entenbrüste
40 g Butter

FÜR DAS ROTE-BETE-PÜREE
250 g frische Rote Bete
50 g Butter
Salz
frisch gemahlener schwarzer Pfeffer

FÜR DIE GEBACKENEN
ROTEN BETEN
250 g frische Rote Bete
Salz
frisch gemahlener schwarzer Pfeffer
50 ml Olivenöl

FÜR DIE ROTE-BETE-CHIPS
150 g frische Rote Bete
300 ml Sonnenblumenöl

100 g Zartbitterschokolade,
mit Kokosblütenzucker gesüßt
100 g frische Brombeeren

# Entenbrust mit einer Variation von Roter Bete, Schokolade & Brombeere

FÜR 2 PERSONEN

*Übrigens: Ich bevorzuge Schokolade, die mit Kokosblütenzucker gesüßt ist. Denn der hat einen niedrigen glykämischen Index, lässt also unseren Blutzuckerspiegel bei Weitem nicht so sehr in die Höhe schnellen wie der raffinierte Haushaltszucker. Das tut nicht nur unserem Insulinhaushalt gut, sondern trägt auch zu einem »gezähmten« Hungergefühl bei. Außerdem wird Kokosblütenzucker basisch verstoffwechselt und führt somit nicht zur Übersäuerung unseres Körpers.*

Den Backofen auf 180 °C (Umluft) vorheizen.

In einem Topf Wasser auf 54 °C erhitzen (mit dem Bratenthermometer über mindestens 5 Minuten hinweg kontrollieren) oder ein Sous-vide-Gerät mit dieser Temperatur einstellen.

Das Entenfleisch waschen, trocken tupfen und von der Haut befreien, diese beiseitelegen. Jede Brust jeweils mit 20 g Butter vakuumieren oder in je einen hitzebeständigen Gefrierbeutel geben. Das Entenfleisch etwa 45 Minuten im Wasserbad garen, dabei die Temperatur des Wassers wiederum mit dem Bratenthermometer kontrollieren.

Die Haut in eine Auflaufform legen und im Ofen knusprig backen, bis das Fett komplett ausgetreten ist. Dann die Haut aus dem Ofen nehmen und abkühlen lassen. Gemeinsam mit 1 guten Prise Salz in einem Mixer zerkleinern. Den Ofen weiter heizen.

Inzwischen für das Rote-Bete-Püree die Knollen schälen und sehr klein würfeln. Dabei Einmalhandschuhe verwenden, denn die Knollen färben die Hände ein. Die Rote-Bete-Würfel in einen Topf gemeinsam mit etwa 300 ml Wasser, Butter und etwas Salz geben. Das Ganze aufkochen lassen und die Roten Beten bei geöffnetem Deckel in etwa 25 Minuten weich garen. Anschließend mit einem Mixstab glatt pürieren. Falls das Püree zu flüssig sein sollte, noch mal cremig einkochen lassen. Gegebenenfalls mit Salz und Pfeffer abschmecken, dann warm beiseitestellen.

Für die gebackenen Roten Beten die Knollen schälen und in grobe Schnitze schneiden. Die Schnitze in einer Auflaufform mit Salz, Pfeffer und Olivenöl vermischen. Dann die Rote-Bete-Schnitze im Ofen 30 Minuten backen.

Inzwischen für die Chips die Rote Bete schälen und in dünne Scheiben schneiden. In einem kleinen Topf das Öl erhitzen und die Scheiben darin zu Chips ausbacken. Das Öl sollte jedoch nicht heißer als 160 °C (mit dem Bratenthermometer kontrollieren) sein, da die Rote Bete sonst zu schnell verbrennt. Die fertigen Chips mit einer Schaumkelle herausheben und auf Küchenpapier entfetten.

Die Schokolade auf einem Wasserbad langsam schmelzen und die Brombeeren waschen.

Das fertig gegarte Entenfleisch aus dem Beutel nehmen. Eine antihaftbeschichtete Pfanne stark erhitzen und das Fleisch darin kurz ohne weitere Fettzugabe von beiden Seiten anbraten.

Zum Anrichten das Püree auf Teller geben und mit einem Löffelrücken verstreichen. Das Entenfleisch in Scheiben schneiden und diese auf dem Püree anrichten. Die gebackenen Roten Beten an die Entenscheiben legen und mit kleinen Tupfern Schokolade garnieren. Die Brombeeren dazusetzen und die Entenbrust mit der zerkleinerten Haut bestreuen. Abschließend die Chips aufrecht zwischen die Zutaten setzen.

2 Stubenküken
Salz
frisch gemahlener schwarzer Pfeffer
500 g Buttermilch
helle glutenfreie Mehlmischung
500 ml Sonnenblumenöl

300 g Wildkräutersalat
1 Avocado

Saft von 1 Orange
1 TL Senf
2 EL weißer Balsamessig
50 ml Olivenöl
Salz
frisch gemahlener schwarzer Pfeffer

# Frittiertes Stubenküken mit Wildkräutersalat

FÜR 2 PERSONEN

*Übrigens: Fettdichtes und lebensmittelunbe-denkliches Zeitungspapier zum Servieren kann man in verschiedensten Designs im Onlinehandel kaufen. Alternativ die Seite, die mit dem Essen in Berührung kommt, mit Pausenbrotpapier auslegen.*

Den Backofen auf 100 °C (Umluft) vorheizen.

Die Stubenküken in Keule, Flügel und Brust zerlegen. Die Karkassenreste für eine Geflügelbrühe benutzen. Keule, Flügel und Brustfleisch von allen Seiten mit Salz und Pfeffer bestreuen.

In eine große Schüssel die Buttermilch geben und die Fleischstücke darin wenden. In eine große Auflaufform oder flache Schüssel reichlich Mehl geben und die Kükenstücke darin nacheinander wenden. Diesen doppelten Wendevorgang noch weitere zwei Mal wiederholen.

In einem großen Topf das Öl auf 160 °C erhitzen und die Kükenstücke darin goldbraun ausbacken. Danach in eine große ofenfeste Form legen und das frittierte Küken im Ofen warm halten.

Den Salat waschen, trocken schleudern und gegebenenfalls verlesen. In eine große Servierschüssel geben. Die Avocado halbieren, entkernen und mit einem Esslöffel das Fruchtfleisch aus der Schale lösen. Das Avocadofleisch in finger-dicke Stücke schneiden und vorsichtig unter den Salat heben. Für das Dressing in einer kleinen Schüssel alle Zutaten mit einem Schneebesen verquirlen. Das Dressing über den Salat geben und vorsichtig vermengen.

Den Salat in kleinen Schüsseln anrichten. Das krosse Stubenküken auf einen Teller legen und mit dem Salat servieren.

4 Wachteln, küchenfertig
4–5 EL Olivenöl
Salz
frisch gemahlener schwarzer Pfeffer
1 Knoblauchknolle
1 große Rispe helle Trauben
100 g Butter
300 ml Geflügelbrühe

# Gebratene Wachtel mit Traube & Knoblauch

FÜR 2 PERSONEN

*Übrigens: Botanisch gesehen handelt es sich bei dem Fruchtstand der umgangssprachlich stets »Trauben« genannten Beeren um eine Rispe, also einen stark verzweigten Blütenstand. Die einzelnen Früchte heißen eigentlich Weinbeeren, nicht Weintrauben.*

Den Backofen auf 160 °C (Umluft) vorheizen.

Die Wachteln waschen und trocken tupfen. In einer Pfanne das Olivenöl erhitzen und die Wachteln von allen Seiten salzen und pfeffern. Dann die Wachteln im heißen Öl rundherum kräftig anbraten. Die Pfanne beiseitestellen. Die Wachteln in ein tiefes Backblech legen und etwa 15 Minuten im Ofen garen.

Inzwischen die Knoblauchknolle in Zehen teilen und diese schälen. Den Knoblauch im Bratensatz der Wachteln bei mittlerer Temperatur goldbraun braten. Die Trauben von den Stielen entfernen, zum Knoblauch in die Pfanne geben und 5 Minuten mit anbraten.

Die Butter in die Pfanne geben und die Zutaten darin schwenken, dabei leicht karamellisieren lassen. Mit der Brühe ablöschen und cremig einkochen.

Die Sauce mit dem Knoblauch und den Trauben über die Wachteln geben, gemeinsam servieren. Dazu schmeckt Reis oder Pitabrot.

2 Maishähnchenbrüste mit Haut
Salz
frisch gemahlener schwarzer Pfeffer
6 frische große Salbeiblätter
plus einige mehr zum Garnieren

FÜR DAS PASTINAKEN-
PARMESAN-PÜREE
300 g Pastinaken
100 ml Sahne
200 ml Gemüsebrühe
(siehe Seite 185)
Salz
frisch gemahlener schwarzer Pfeffer
50 g Butter
1 Handvoll geriebener Parmesan

½ Kopf Puntarelle
Olivenöl

# Salbei-Maishähnchen mit Pastinaken-Parmesan-Püree & Puntarelle

FÜR 2 PERSONEN

*Übrigens: Den in Italien verbreiteten Puntarelle findet man bei uns manchmal auf regionalen Wochenmärkten, aber das Gemüse (Erntezeit von Anfang August bis es zu kalt wird) wird im Grunde nur selten angeboten. Wer die Samen findet, sollte den Anbau im eigenen Garten unbedingt versuchen! Puntarelle ist bei uns auch geläufig unter den Namen Vulkanspargel oder Spargelchicorée, er gehört zur Familie der Zichorien.*

In einem Topf Wasser auf 54 °C erhitzen (mit dem Bratenthermometer über mindestens 5 Minuten hinweg kontrollieren) oder ein Sous-vide-Gerät mit dieser Temperatur einstellen.

Die Hähnchenbrüste waschen und trocken tupfen, dann rundherum mit Salz und Pfeffer bestreuen. Den Salbei waschen und trocken schütteln. Die Haut der Hähnchenbrüste leicht anheben und die Salbeiblätter darunterschieben. Das Fleisch vakuumieren oder in einen hitzebeständigen Gefrierbeutel legen. Im Wasserbad etwa 30 Minuten garen.

Inzwischen die Pastinaken schälen und in kleine Stücke schneiden. Das Wurzelgemüse gemeinsam mit Sahne, Brühe, Salz, Pfeffer und Butter in einen Topf geben und weich kochen. Mindestens zwei Drittel der Flüssigkeit sollten verkochen und die Pastinaken schön weich werden. Anschließend die Pastinaken mit etwas Kochsud und dem Parmesan in einen Mixer geben und zu einem cremigen Püree verarbeiten. Im Topf warm halten.

Die Stangen des Puntarelle waschen. Die Stangen der Länge nach halbieren. In einer Pfanne etwas Olivenöl erhitzen und darin den Puntarelle unter Wenden bei mittlerer Temperatur anbraten, dabei salzen und pfeffern.

Inzwischen das Hähnchenfleisch aus dem Beutel nehmen und in einer Pfanne etwas Olivenöl erhitzen. Das Fleisch darin bei hoher Temperatur auf der Hautseite knusprig anbraten.

Das Pastinaken-Parmesan-Püree als Spiegel auf den Tellern anrichten. Die Puntarelle-Stangen an die Seite legen. Das Hähnchenfleisch in breite Scheiben schneiden und auf das Püree geben. Mit Salbeiblättern garniert servieren.

Olivenöl
2 Kaninchenrücken, küchenfertig
Salz
frisch gemahlener schwarzer Pfeffer
4 frische Salbeiblätter
2 Scheiben Parmaschinken
1 Kopf Romanesco
80 g Butter
250 ml Gemüsebrühe (siehe Seite 185)

# Gefüllter Kaninchenrücken mit Zweierlei vom Romanesco

FÜR 2 PERSONEN

Zum späteren Garen zwei ausreichend große Blätter Alufolie zurechtschneiden und mit Olivenöl bepinseln.

Die Kaninchenrücken waschen, trocken tupfen und aufschneiden. Mit Salz und Pfeffer bestreuen. Auf das Kaninchenfleisch die Salbeiblätter sowie den Parmaschinken legen, das Rückenfleisch fest einrollen. Die Kaninchenrollen jeweils auf ein vorbereitetes Blatt Alufolie geben und sehr eng einrollen.

In einem Topf Wasser zum Kochen bringen und die Kaninchenrollen einlegen. Die Röllchen in köchelndem Wasser in 10 Minuten garen.

Inzwischen den Romanesco waschen und in kleine Röschen teilen. Die Hälfte des Romanescos in einem Topf mit Wasser bedeckt (etwa 200 ml) in etwa 15 Minuten weich kochen, gegen Ende der Garzeit die Butter hinzufügen. Sobald das Gemüse weich und nur noch wenig Wasser im Topf ist, den Inhalt pürieren und mit Salz und Pfeffer abschmecken.

Gleichzeitig in einem kleinen Topf reichlich Wasser sprudelnd aufkochen lassen, großzügig salzen. Den restlichen Romanesco darin bissfest garen.

Die Kaninchenrollen aus der Alufolie nehmen. In einer Pfanne etwas Olivenöl erhitzen und die gefüllten Kaninchenrücken rundherum anbraten. Dann das Fleisch herausnehmen und warm beiseitestellen. Den Bratensatz mit der Brühe ablöschen. Bei hoher Temperatur einkochen lassen, dann mit Salz und Pfeffer abschmecken.

Das Püree auf den Tellern verstreichen und die Röschen kreisförmig anrichten. Die Kaninchenrollen aufschneiden und auf das Püree legen. Mit der Sauce beträufelt servieren.

FÜR DAS ERBSENPÜREE
400 g getrocknete Erbsen
40 g Butter
Salz
frisch gemahlener schwarzer Pfeffer

FÜR DIE PISTAZIENKRUSTE
100 g ungesalzene Pistazienkerne
50 g glutenfreies Paniermehl
2 EL Olivenöl

FÜR DAS LAMMKARREE
1 Lammkarree (à etwa 400 g)
½ Zwiebel
3 EL Olivenöl
Salz
frisch gemahlener schwarzer Pfeffer
2 Lorbeerblätter
300 ml roter Portwein

# Lammkarree mit Pistazien, Erbsenpüree & Portweinjus

FÜR 2 PERSONEN

In einem mittelgroßen Topf die Erbsen mit Wasser bedecken und in etwa 45 Minuten weich garen.

Den Backofen auf 160 °C (Umluft) vorheizen.

Die Pistazien gemeinsam mit dem Paniermehl und dem Olivenöl in einen hohen Mixbehälter geben und mit dem Stabmixer zu einer groben Paste verarbeiten, diese beiseitestellen.

Für das Lammkarree das Fleisch waschen und trocken tupfen. Die Zwiebel schälen und in Scheiben schneiden. In einer Pfanne das Lammfleisch bei hoher Temperatur in 3 EL Olivenöl von allen Seiten anbraten. Mit Salz und Pfeffer bestreuen und in eine Ofenform heben. Das Fleisch im Ofen 10–15 Minuten garen. Inzwischen die Zwiebel und den Lorbeer in der Pfanne mit Bratensatz glasig anbraten. Mit dem Portwein ablöschen und cremig einkochen lassen.

Eine Schüssel mit Eiswasser füllen. Die Erbsen abgießen, dabei etwas Erbsensud auffangen und beiseitestellen. Die Erbsen in dem Eiswasser abschrecken, damit sie ihre leuchtende Farbe bei der Weiterverarbeitung behalten.

Die Erbsen gemeinsam mit etwas Erbsensud und der Butter in einen hohen Mixbehälter geben und mit dem Stabmixer pürieren. Das Erbsenpüree durch ein Sieb streichen, dann mit Salz und Pfeffer abschmecken. Das Püree in einen kleinen Topf geben und bei niedriger Temperatur warm halten.

Die Pistazienkruste auf das Lammkarree streichen und das Fleisch noch mal für 3 Minuten unter den Ofengrill schieben. Zum Servieren etwas Erbsenpüree auf den Teller streichen, das Lammkarree daraufsetzen und mit Portweinjus beträufelt servieren.

FÜR DAS KARTOFFEL-KNOB-
LAUCH-PÜREE
300 g mehligkochende Kartoffeln
5 Knoblauchzehen
Salz
frisch gemahlener schwarzer Pfeffer
frisch geriebene Muskatnuss
100 ml Sahne
50 g Butter

FÜR DIE MORCHELSAUCE
½ Zwiebel
100 g Morcheln
Olivenöl
100 ml trockener Weißwein
200 ml Fleischbrühe
20 g Butter

Olivenöl
2 Ibérico-Koteletts
Salz
frisch gemahlener schwarzer Pfeffer
2 Handvoll Haselnusskerne

# Ibérico-Kotelett mit Kartoffel-Knoblauch-Püree, Morchelsauce & gerösteten Haselnüssen

FÜR 2 PERSONEN

Für das Kartoffel-Knoblauch-Püree in einem Topf reichlich Wasser zum Kochen bringen. Inzwischen die Kartoffeln und den Knoblauch schälen. Die Kartoffeln würfeln und gemeinsam mit den ganzen Knoblauchzehen im Wasser weich kochen. Das Wasser abschöpfen und die Kartoffeln gemeinsam mit den Knoblauchzehen durch eine Kartoffelpresse zurück in den Topf drücken. Mit Salz, Pfeffer und Muskatnuss abschmecken. Die Sahne und die Butter dazugeben, das noch etwas flüssige Püree unter gelegentlichem Rühren bei niedriger Temperatur cremig einkochen.

Den Backofen auf 140 °C (Umluft) vorheizen.

Für die Morchelsauce die Zwiebel schälen und in feine Würfel schneiden. Die Morcheln vorsichtig ausklopfen und mit einem Pinsel säubern. In einer Pfanne etwas Olivenöl erhitzen und darin die Pilze gemeinsam mit den Zwiebeln anschwitzen. Dann mit dem Weißwein ablöschen. Die Brühe und die Butter dazugeben, die Sauce bei mittlerer Temperatur auf die Hälfte einkochen lassen.

In einer Pfanne etwas Olivenöl erhitzen und die Koteletts darin von beiden Seiten kurz und kräftig anbraten. Das Fleisch dabei salzen und pfeffern. Die Koteletts herausnehmen und in eine Auflaufform legen, im Ofen warm halten.

Inzwischen in einer antihaftbeschichteten Pfanne die Haselnüsse ohne Fett rösten. Dabei mehrmals schwenken. Dann die Nüsse zwischen einem Küchenhandtuch reiben und so die Haut entfernen. Die Nüsse fein hacken.

Das Püree mit einem Löffelrücken auf die Teller streichen, die Koteletts halbieren und auf dem Püree anrichten. Die Morcheln aus der Sauce heben und an das Fleisch legen. Mit den Haselnüssen bestreuen, dann alles mit der Morchelsauce beträufelt servieren.

1 kg Spanferkel, küchenfertig
200 g getrocknete Aprikosen
3–4 EL glutenfreies Paniermehl
Olivenöl
Salz
frisch gemahlener schwarzer Pfeffer
2 EL fein gehackte Rosmarinnadeln

500 g mehligkochende Kartoffeln
frisch geriebene Muskatnuss
100 ml Sahne
100 g Butter

# Spanferkel gefüllt mit Aprikosen auf Kartoffelpüree

FÜR 4 PERSONEN

Den Backofen auf 160 °C (Umluft) vorheizen.

Das Spanferkel öffnen und auf der Arbeitsfläche ausbreiten. Die Haut mit einem scharfen Messer einschneiden.

Für die Füllung die Aprikosen zusammen mit Paniermehl, Olivenöl, Salz und Pfeffer in einem Mixer zerkleinern. Die Rosmarinnadeln untermischen.

Das Spanferkel innen mit der Füllung bestreichen und wieder verschließen. Alles mit Küchengarn fixieren. Die Haut großzügig mit Salz und Pfeffer einreiben und auf den Rost in den Ofen legen. Eine Backpfanne mit Wasser füllen und unter dem Rost einschieben. Das Spanferkel im Ofen 2–3 Stunden garen, bis die Haut schön kross aussieht.

Inzwischen in einem Topf leicht gesalzenes Wasser zum Kochen bringen. Die Kartoffeln schälen und grob würfeln, dann im Wasser weich garen. Das Wasser der Kartoffeln abschöpfen, die Kartoffeln durch eine Kartoffelpresse zurück in den Topf drücken. Mit Salz, Pfeffer und Muskatnuss abschmecken. Die Sahne und die Butter dazugeben, das noch etwas flüssige Püree unter gelegentlichem Rühren bei niedriger Temperatur cremig einkochen.

Die Backpfanne mit dem abgetropften Bratensaft aus dem Ofen nehmen. Etwa 300 ml Wasser dazugeben und mit einem Holzlöffel den Bratensatz lösen. Die gesamte Flüssigkeit in einen Topf umfüllen und zu einer cremigen Sauce einkochen lassen.

Das Spanferkel aus dem Ofen nehmen und vom Bindegarn befreien. Das Fleisch in fingerdicke Scheiben aufschneiden.

Das Püree kreisrund auf die Teller geben, jeweils 1 Scheibe Spanferkel darauf verteilen und mit der Sauce beträufelt servieren.

# KAPITEL 6

# Schokoliebe

*Schokolade ist Glück, das auf der Zunge zergeht.*

40 g flüssiger Honig
40 g Erythritol
80 g glutenfreie Mehlmischung
1 Eiweiß, Ei Größe L
100 ml Vollmilch

1 Rezeptmenge Vegane
Schokomousse (siehe Seite 125)

100 g Zartbitterschokolade,
mit Kokosblütenzucker gesüßt
1 Handvoll Haselnusskerne

# Mit Schokomousse gefüllte Waffelhörnchen

ERGIBT 6 HÖRNCHEN

In einer Schüssel Honig, Erythritol, Mehl, Eiweiß und Milch verrühren.
Die Teigmischung 30 Minuten im Kühlschrank quellen lassen.

Den Backofen auf 180 °C (Umluft) vorheizen. Ein Backblech mit einer Silikonbackmatte auslegen.

Die Teigmasse aus dem Kühlschrank nehmen und mithilfe eines Löffels sechs-
mal einen Kreis mit 10 cm Durchmesser auf die Silikonbackmatte streichen.
Die Teigkreise im Ofen in 5–6 Minuten goldbraun backen, herausnehmen und
sofort um eine Hörnchenform aus Metall oder Holz wickeln. Lauwarm abkühlen lassen und die Form herausziehen. Alternativ den Teig in einem kleinen
Waffeleisen ausbacken.

Die Schokolade klein hacken und auf einem Wasserbad in einer Stahlschüssel
schmelzen. Die Haselnüsse fein hacken. Mithilfe eines Pinsels oder der Finger
die Hörnchen innen mit der geschmolzenen Schokolade auskleiden. Den
Rand der Hörnchen in die restliche Schokolade tunken und mit den gehackten
Haselnüssen bestreuen. Kurz kalt stellen, damit die Schokolade fest wird.

Die Mousse in einen Spritzbeutel geben und in die Hörnchen spritzen.
Sofort servieren.

100 g Vollmilchschokolade,
mit Kokosblütenzucker gesüßt
200 g Zartbitterschokolade,
mit Kokosblütenzucker gesüßt
200 g Seidentofu
1 EL Ahornsirup
Nusskerne oder Mandeln
100 ml Sojasahne

# Vegane Schokomousse mit Topping

ERGIBT 4 GLÄSER À 200 ML

*Übrigens: Durch seine glatte, cremige Konsistenz eignet sich Seidentofu bestens für die Zubereitung von veganen Süßspeisen, aber auch bei Dips und Saucen ist er gut einsetzbar.*

Die Schokoladen klein hacken und über einem Wasserbad in einer Stahlschüssel schmelzen.

Den Seidentofu in eine hitzebeständige Schüssel mit hohen Wänden geben. Die geschmolzene Schokolade dazugießen und mit dem elektrischen Handrührgerat fluffig aufschlagen. Mit dem Ahornsirup süßen. Die Mousse in einen Spritzbeutel mit großer Tülle geben, dann auf die Gläser verteilen und mindestens 3 Stunden kalt stellen.

Kurz vor dem Servieren eine antihaftbeschichtete Pfanne stark erhitzen. Darin die gewählte Nussmischung ohne Fett rösten, dann die Nüsse zwischen einem Küchenhandtuch reiben und so die Haut entfernen. Die Nüsse hacken. Die Sojasahne mit dem Handrührgerät steif aufschlagen und in einen Spritzbeutel mit Sterntülle füllen. Die Sojasahne in kleinen Tupfen auf die Mousse spritzen. Mit den gerösteten Nüssen oder Mandeln garniert servieren.

280 g Zartbitterschokolade,
mit Kokosblütenzucker gesüßt
280 g Butter
100 g Kakaopulver
6 Eier, Größe M
500 g Kokosblütenzucker
Mark von 1 Vanilleschote
1 Prise Salz
240 g glutenfreie Mehlmischung

# Schokobrownies

ERGIBT 1 BACKBLECH

*Übrigens: Die Brownies halten sich in einer Frischhaltebox verstaut etwa 1 Woche. Ich serviere sie gern dekoriert mit frischen Blüten (hier Bohnenkrautblüten) oder Kräutern aus dem Garten.*

Den Backofen auf 170 °C (Umluft) vorheizen. Ein tiefes Backblech mit Backpapier oder einer Silikonbackmatte auslegen.

Die Schokolade fein hacken, die Butter würfeln. In einer großen Stahlschüssel über einem Wasserbad die Schokolade gemeinsam mit der Butter schmelzen. Das Kakaopulver hinzugeben und alles glatt rühren. Die Stahlschüssel vom Wasserbad nehmen.

Die Eier nacheinander in die Schokolade aufschlagen und mit einem großen Löffel kräftig unterrühren. Dann Zucker, Vanillemark und Salz einrühren, bis eine glatte, glänzende Masse entsteht.

Abschließend das Mehl mit einem Teigschaber rasch einarbeiten, bis keine Klumpen mehr vorhanden sind. Die Teigmasse etwa 2 cm hoch auf dem Blech verteilen und im Ofen 30−35 Minuten backen. Zur Garprobe ein Holzstäbchen einstechen. Wenn kein Teig mehr am Stäbchen kleben bleibt, sind die Brownies fertig. Der »echte« Brownie ist im Inneren noch ein bisschen feucht.

In der Form auskühlen lassen, dann auf einen Rost heben und in Brownie-Quader von etwa 4 × 4 cm schneiden.

200 g Zartbitterschokolade,
mit Kokosblütenzucker gesüßt
200 g Kokosblütenzucker
1 Prise Salz
125 g Butter
3 Eier, Größe M
250 g helle glutenfreie Mehlmischung
2 TL Weinsteinbackpulver

50 ml Buttermilch
4 frische Feigen

FÜR DAS TOPPING
200 g Erythritol-Puderzucker
250 g Mascarpone
1 TL Matchapulver

# Schokocupcakes mit versunkener Feige & Matchatopping

ERGIBT ETWA 12 CUPCAKES

*Übrigens: Matcha ist sehr fein gemahlener grüner Tee einer besonders edlen und damit teuren Sorte. Er spielt in der japanischen Teezeremonie eine wichtige Rolle. Inzwischen gilt Matchapulver auch als Superfood; neben zahlreichen Nährstoffen und Antioxidanzien enthält es auch natürliches Koffein und liefert so lang anhaltende Energie.*

Den Backofen auf 180 °C (Umluft) vorheizen. Ein Muffinblech mit Papierförmchen für Muffins auskleiden.

Die Schokolade klein hacken und gemeinsam mit dem Kokosblütenzucker, 1 Prise Salz sowie der Butter auf einem Wasserbad schmelzen. Dabei alles gut verrühren. Die Schokomasse in eine Rührschüssel umfüllen. Die Eier aufschlagen und nacheinander mit einem Holzlöffel unterrühren.

In einer kleinen Schüssel das Mehl mit dem Weinsteinbackpulver vermischen und in die Ei-Schoko-Masse streuen, nur kurz unterrühren. Dann die Buttermilch dazugeben und alles zu einem homogenen Teig rühren. Die Papierförmchen jeweils zu zwei Dritteln mit dem Teig füllen. Wer sich die Mühe macht, den Teig kurz in eine Spritztüte (ohne Tülle) umzufüllen, erspart sich am Ende viele Kleckereien. Ansonsten klappt es aber auch gut mithilfe zweier Esslöffel.

Die Feigen waschen, trocken tupfen und dritteln. Jeweils 1 Feigenspalte in den Teig drücken. Die Cupcakes im Ofen etwa 15 Minuten backen. Zur Garprobe ein Holzstäbchen einstechen. Wenn kein Teig mehr am Stäbchen kleben bleibt, sind die Cupcakes fertig. Das Muffinblech herausnehmen, die Cupcakes in den Papierförmchen auf einen Gitterrost legen und vollständig auskühlen lassen.

Für das Topping alle Zutaten zu einer glatten Creme verrühren, in einen Spritzbeutel mit großer Tülle geben und spiralförmig auf die ausgekühlten Cupcakes spritzen.

FÜR DEN BODEN
200 g Cashewkerne
100 g Kokosöl
50 ml Ahornsirup
50 g gemahlene Mandeln

FÜR DEN DATTEL-KARAMELL
200 g Datteln
200 ml Kokosmilch
100 g Kokosöl, plus 1 EL
nach Belieben
180 g ungesalzene Erdnusskerne

250 g vegane Zartbitterschokolade,
mit Kokosblütenzucker gesüßt

# Vegane Snickers-Riegel

ERGIBT 8–10 STÜCK (ZWEI TAGE ZUVOR BEGINNEN)

*Übrigens: Die Riegel halten sich im Kühlschrank 1–2 Wochen. Sie lassen sich alternativ auch gut verschlossen einfrieren.*

Die Cashewkerne für den Boden und die Datteln für den Dattel-Karamell über Nacht in separaten Schüsseln in Wasser einweichen. Am Folgetag das Wasser abgießen.

Für den Boden die Cashewkerne gemeinsam mit Kokosöl, Ahornsirup und den gemahlenen Mandeln in einen hohen Mixbehälter geben und mit dem Stabmixer pürieren.

Eine eckige Form (etwa 20 cm x 20 cm) mit Backpapier auslegen und die Cashewmasse darauf gleichmäßig verteilen. Das Ganze im Kühlschrank kalt stellen.

Inzwischen für den Dattel-Karamell in einem kleinen Topf die Datteln gemeinsam mit der Kokosmilch aufkochen, vom Herd nehmen und mit dem Kokosöl pürieren. Die Erdnüsse unterheben und den Karamell auf der inzwischen festen Cashewmasse gleichmäßig verteilen.

Die Riegelmasse im Kühlschrank ungefähr 24 Stunden durchkühlen lassen. Danach die Masse in der Form in etwa 8 cm lange Riegel schneiden. Die Riegel auf einen Gitterrost setzen.

Die Schokolade hacken und auf einem Wasserbad schmelzen. Für einen glänzenden Guss 1 EL Kokosöl unterrühren. Den Schokoguss gleichmäßig über

FÜR DEN GUGELHUPF
200 g Zartbitterschokolade,
mit Kokosblütenzucker gesüßt
250 g weiche Butter,
plus mehr zum Ausbuttern
250 g Kokosblütenzucker
1 Prise Salz
4 Eier, Größe M
100 g gemahlene Haselnusskerne

200 g helle glutenfreie Mehlmischung,
plus mehr zum Bestäuben
2 TL Weinsteinbackpulver
50 ml Vollmilch

FÜR DIE CHEESECAKEFÜLLUNG
250 g Doppelrahmfrischkäse
200 g Mascarpone
100 g Kokosblütenzucker
1 Pckg. gluten- und zuckerfreies
Vanillepuddingpulver
2 Eier, Größe L

# Haselnussgugelhupf mit Cheesecakefüllung

FÜR 1 GUGELHUPFFORM
(22 CM DURCHMESSER)

Für den Gugelhupf über einem Wasserbad die Schokolade schmelzen. Die Gugelhupfform ausbuttern und mit Mehl bestäuben, alternativ ein Trennfettspray verwenden (siehe Seite 137). Den Backofen auf 180 °C (Umluft) vorheizen.

Inzwischen in einer hitzebeständigen Rührschüssel mit einem elektrischen Handrührgerät die weiche Butter mit dem Kokosblütenzucker schaumig schlagen. Das Salz dazugeben und dann nacheinander die Eier unterschlagen.

In einer kleinen Schüssel gemahlene Haselnüsse, Mehl und Backpulver vermischen. Die trockene Mischung in 3 Zügen unter die Butter-Ei-Masse rühren. Dann die Milch und die geschmolzene Schokolade unterrühren.

Für die Cheesecakefüllung in einer Rührschüssel mit dem elektrischen Handrührgerät alle Zutaten miteinander verrühren. Dann zwei Drittel der Schokoteigmasse in eine Gugelhupfform geben und mit einem Löffel tiefe Mulden hineindrücken. Die Cheesecakefüllung in diese Mulden geben und mit dem restlichen Teig abschließen.

Den Gugelhupf 60–80 Minuten im Ofen backen. Zur Garprobe ein Holzstäbchen einstechen. Wenn kein Teig mehr am Stäbchen kleben bleibt, ist der Gugelhupf fertig. Herausnehmen und lauwarm abkühlen lassen, dann aus der Form stürzen.

250 g helle glutenfreie Mehlmischung,
plus mehr zum Bemehlen
70 g Kokosblütenzucker
100 g kalte Butter, gewürfelt,
plus mehr zum Ausbuttern
1 Ei, Größe L

200 g Kokosblütenzucker
150 ml Sahne
100 g Butter
Meersalz
200 g Haselnusskerne ohne Haut

250 g Zartbitterschokolade,
mit Kokosblütenzucker gesüßt
125 ml Sahne
1 EL Kokosöl

# Schokoladen-Karamell-Tarte mit ganzen Haselnüssen

FÜR 1 RECHTECKIGE TARTEFORM
(ETWA 13 × 35 CM)

*Übrigens: Besonders bei etwas verwinkel-teren Backformen benutze ich gern ein Trennfettspray, mit dem man einen schön dünnen, aber gleichmäßigen Fettfilm hinbekommt. Natürlich geht es auch bei ganz »normalen« Backformen bequemer und schneller mit dem Spray. Für dieses Rezept lohnt sich die Anschaffung auf jeden Fall!*

Für den Teig in einer Schüssel das Mehl gemeinsam mit dem Zucker und der Butter bröselig vermengen. Das geht am besten mit den Fingerspitzen. Dann mit den Händen das Ei rasch unterkneten, eine Kugel aus dem Teig formen. Diese fest in Frischhaltefolie wickeln und mindestens 1 Stunde kalt stellen.

Den Backofen auf 180 °C (Umluft) vorheizen. Die Tarteform entweder groß-zügig ausbuttern und dann bemehlen oder ein Trennfettspray benutzen.

Den gekühlten Teig auf einer bemehlten Arbeitsfläche länglich ausrollen, dann in die Tarteform heben. Den Teig gut andrücken, überstehende Teigreste mit einem scharfen Messer abschneiden. Den Tarteboden mit einem Stück Backpapier belegen und mit Backbohnen gleichmäßig beschweren. Den Tarte-boden im Ofen 10−15 Minuten blindbacken. Anschließend aus dem Ofen nehmen, den Boden in der Form auskühlen lassen.

Inzwischen für die Füllung die Haselnüsse auf ein antihaftbeschichtetes Blech geben und im Ofen 5−8 Minuten rösten. Dann herausnehmen und abkühlen lassen. Anschließend auf dem Tarteboden verteilen.

In einem kleinen Topf den Kokosblütenzucker gemeinsam mit 100 ml Wasser aufkochen und 2−3 Minuten köcheln lassen. Die Sahne dazugeben und alles cremig einkochen lassen. Abschließend die Butter unterrühren und mit Salz abschmecken. Den Karamell auf die Haselnussschicht gießen und gut abkühlen lassen. Dafür das Ganze etwa 30 Minuten im Kühlschrank kalt stellen.

Inzwischen für die Ganache die Schokolade klein hacken und in eine feuerfeste Schüssel geben. In einem kleinen Topf die Sahne zum Kochen bringen und dann zu der Schokolade gießen. Diese Mischung ohne umzurühren zunächst 5 Minuten ziehen lassen, dann mit einem Schneebesen glatt rühren.

Das Kokosöl einarbeiten. Diese Schokoladenganache mit einer Palette über den Karamell streichen und die Tarte erneut kalt stellen. Falls keine Palette vorhanden ist, ein Brotmesser oder einen Löffelrücken verwenden.

Vor dem Servieren diese Tarte mindestens 2 Stunden im Kühlschrank ziehen lassen. Sie hält sich im Kühlschrank einige Tage – falls man so lange widerstehen kann.

200 g Kokosblütenzucker
Mark von 1 Vanilleschote
1 Prise Salz
80 ml Olivenöl
1 TL Apfelessig
180 g glutenfreie Mehlmischung
40 g Kakaopulver
1 TL Weinsteinbackpulver
3 kleine Birnen (etwa Williams Christ)

# Veganer Schokokuchen mit versunkener Birne

ZUTATEN FÜR 1 KASTENFORM
(11 × 30 CM)

*Übrigens: Dieses Rezept lässt sich auch mit anderem Obst variieren, das gut und saftig gart, etwa mit frischen Kirschen.*

Den Backofen auf 180 °C (Umluft) vorheizen und die Kastenform entweder großzügig ausbuttern und bemehlen oder ein Trennfettspray (siehe Seite 137) benutzen. Die Form zusätzlich mit Backpapier auslegen, sodass der Kuchen später im Ganzen herausgehoben werden kann.

In einer Rührschüssel Kokosblütenzucker, Vanillemark, Salz, Olivenöl, Essig und 250 ml Wasser mit dem Schneebesen oder einem elektrischen Hand-rührgerät verrühren. In einer weiteren Schüssel Mehl, Kakao- und Backpulver vermischen und dann unter die flüssige Masse rühren.

Die Birnenstiele waschen und die Früchte schälen, aber im Ganzen belassen.

Die Teigmasse in die Kastenform geben und die Birnen hineindrücken, sodass etwa die Hälfte noch herausschaut.

Den Schokokuchen im Ofen 45 Minuten backen, zum Ende der Garzeit ein Holzstäbchen einstechen. Wenn kein Teig mehr am Stäbchen kleben bleibt, ist der Kuchen fertig.

Gut auskühlen lassen, den Kuchen aus der Form heben und mit einem scharfen Messer mittig durch eine Birne vorsichtig anschneiden.

# KAPITEL 7

# Für Naschkatzen

*Süße Wunderwerke: einfach oder mit Aufwand ,
aber immer mit Liebe!*

200 g Mascarpone
1 Schuss Vollmilch
3 EL flüssiger Honig
1 TL frische Thymianblättchen
3 EL glutenfreie Haferflocken
50 g kalte Butter
50 g helle glutenfreie Mehlmischung
50 g Kokosblütenzucker
4 frische Pfirsiche
Pflanzenöl

# Gegrillter Pfirsich mit Thymian-Mascarpone-Creme, Honig & Crumble

FÜR 2 PERSONEN

*Übrigens: Dies ist ein schnell zubereitetes Dessert, das schön süß und fruchtig, aber doch nicht allzu schwer daherkommt.*

Den Backofen auf 180 °C (Umluft) vorheizen. Ein Backblech mit Backpapier auslegen.

In einer Schüssel den Mascarpone gemeinsam mit der Milch und 1 EL Honig locker aufschlagen. Die Thymianblättchen dazugeben und noch mal umrühren, dann beiseitestellen.

In einer weiteren Schüssel Haferflocken, Butter, Mehl und Kokosblütenzucker mit den Händen grob verkneten und auf dem Backblech gleichmäßig verteilen. Den Crumble im Ofen in etwa 15 Minuten goldbraun backen.

Inzwischen die Pfirsiche halbieren und entsteinen. Die Früchte von außen und an den Schnittstellen mit Öl bestreichen. Die Pfirsiche mit der Schnittseite nach unten in einer Grillpfanne bei hoher Temperatur 4–5 Minuten grillen.

Zum Anrichten die heißen Pfirsiche auf Tellern verteilen, nach Belieben auf Backpapier arrangieren. Die Thymian-Mascarpone-Creme in Klecksen darübergeben und den Crumble darauf verteilen. Mit dem restlichen Honig (2 EL) beträufelt sofort servieren.

200 g helle glutenfreie Mehlmischung
2 EL Kokosblütenzucker
1 TL glutenfreies Backpulver
¼ TL Natron
1 Prise Salz
2 Eier, Größe M
250 ml Vollmilch
3 EL Sonnenblumenöl

4 Orangen
Abrieb von 1 unbehandelten Limette

etwa 4 EL Sonnenblumenöl
zum Ausbacken
etwa 200 ml Ahornsirup

# Fluffige Pancakes mit marinierten Orangenfilets & Ahornsirup

FÜR 4 PERSONEN,
ETWA 4 STÜCK PRO PERSON

*Übrigens: Die Pancakes sollten sehr frisch aus der Pfanne verzehrt werden, denn sonst verlieren sie ihre Luftigkeit. Ich mache sie gern, wenn Freunde zu Besuch kommen, und gebe deshalb hier auch die Menge für 4 Personen an. Das heißt aber nicht, dass sie sonst nicht auch gegessen werden würden …*

In einer Schüssel Mehl, Kokosblütenzucker, Backpulver, Natron und Salz vermengen. In einer weiteren, großen Schüssel Eier, Milch und Öl gründlich verquirlen. Die trockene Mehlmischung mit der Eier-Milch-Masse vermengen und zum Quellen bei Zimmertemperatur beiseitestellen.

Inzwischen die Orangen schälen und filetieren. Dafür die Ober- und Unterseite der Orangen kappen, dann mit einem scharfen Messer die Außenschalen und die weiße Haut entfernen. Jeweils an den Innenhäuten entlangschneiden, so die Filets auslösen. Den Rest der Orange auspressen. Den Saft zu den Filets geben und alles mit Limettenabrieb abschmecken.

In einer Pfanne 1 EL Öl erhitzen und jeweils etwa 1 Schöpfkelle Teig pro Pancake darin ausbacken. Portionsweise arbeiten und zwischendurch nach Bedarf die Pfanne mit neuem Öl benetzen.

Pro Teller 3 oder 4 Pancakes übereinanderlegen, die marinierten Orangenfilets darauf verteilen und mit reichlich Ahornsirup beträufelt sofort servieren.

180 g Kokosblütenzucker
1 Vanilleschote
250 ml Vollmilch
250 ml Sahne
2 Eier, Größe M
2 Eigelb, Eier Größe L

3 Birnen (etwa Williams Christ)
300 ml trockener Weißwein
1 Zimtstange
Abrieb von 1 unbehandelten Orange
100 g Haselnusskerne ohne Haut

# Crème Caramel mit pochierter Birne & gerösteten Haselnüssen

FÜR 6 PERSONEN

Für die Crème Caramel in einem kleinen Topf 140 g Kokosblütenzucker gemeinsam mit etwa 80 ml Wasser aufkochen und cremig einkochen lassen. Diesen Karamell auf 6 ofenfeste Keramikförmchen verteilen und 30 Minuten im Kühlschrank fest werden lassen.

Den Backofen auf 180 °C (Umluft) vorheizen.

Die Vanilleschote der Länge nach aufschneiden und das Mark herauskratzen. In einem weiteren Topf Milch, Sahne, den restlichen Kokosblütenzucker (40 g), die Vanilleschote sowie das herausgekratzte Mark sprudelnd aufkochen lassen, dann die Milchmischung vom Herd nehmen und 15 Minuten bei Zimmertemperatur ziehen lassen.

Inzwischen in einer Schüssel die Eier und die Eigelbe verquirlen, dann unter die abgekühlte Milchmischung rühren. Die Vanilleschote herausnehmen. Die Förmchen aus dem Kühlschrank holen und in eine ausreichend große Auflaufform oder ein tiefes Backblech stellen. Die Förmchen mit der Milchmischung füllen.

Im Wasserkocher kochendes Wasser bereiten und 2 cm hoch in die Auflaufform oder das Backblech gießen. Die Crème Caramel in diesem Wasserbad im Ofen 40 Minuten stocken lassen. Nach der Hälfte der Garzeit die Oberfläche der Förmchen vorsichtig mit Alufolie abdecken. Die fertig gegarte Crème Caramel mindestens 2 Stunden kalt stellen.

Inzwischen die Birnenstiele waschen, die Birnen im Ganzen schälen. In einem Topf Weißwein, Zimt, Orangenabrieb und 500 ml Wasser aufkochen, dann so herunterregeln, dass der Sud nur sanft köchelt. Die Birnen darin 30 Minuten pochieren.

In einer antihaftbeschichteten Pfanne die Haselnüsse ohne Fett rösten. Dabei mehrmals schwenken. Die heißen Nüsse grob hacken, beiseitestellen. Falls die Haselnusskerne nur mit Haut erhältlich sind, diese nach dem Rösten abreiben.

Dann die pochierten Birnen aus dem Sud heben, halbieren und nur die Kerne entfernen. Die Stiele jedoch nach Belieben daran belassen.

Zum Anrichten die gekühlten Förmchen kurz in heißes Wasser tauchen, damit sich die Crème Caramel besser lösen lässt. Auf Teller stürzen und mit den pochierten Birnen und den gerösteten Nüssen servieren.

250 g frische Vollmilch
2 Eier, Größe L
100 g helle glutenfreie Mehlmischung
1 Prise Fleur de Sel
1 EL flüssiger Honig
Sonnenblumenöl

# Weltbeste Pfannkuchen

ERGIBT 3–5 STÜCK

*Übrigens: Schmecken super lecker,
egal ob mit salziger oder süßer Füllung
zubereitet.*

Alle Zutaten außer dem Sonnenblumenöl gemeinsam in eine Rührschüssel geben und mit dem elektrischen Handrührgerät oder einem Schneebesen zu einem glatten Teig verrühren.

Eine antihaftbeschichtete Pfanne erhitzen und pro Pfannkuchen 1–2 EL Öl hineingeben.

Jeweils 1 Schöpfkelle Teig in die Pfanne geben und von beiden Seiten ausbacken. Sofort nach Lust und Laune füllen – und vernaschen!

200 g Zartbitterschokolade,
mit Kokosblütenzucker gesüßt
100 g Haselnusskerne
200 g Vollmilchschokolade,
mit Kokosblütenzucker gesüßt
200 ml Sahne

# Haselnusspralinen

—————

ERGIBT ETWA 20 PRALINENKUGELN

*Übrigens: Alternativ ganze Haselnüsse in die Halbkugeln füllen und mit der Schokoladenfüllung abschließen. Dann gibt es ein noch knackigeres Nusserlebnis beim Anbeißen! Die Pralinen halten sich luftdicht verschlossen und gekühlt mehrere Wochen.*

Die Zartbitterschokolade grob hacken und in einer Stahlschüssel über einem Wasserbad schmelzen. Dabei sollte die Schüssel das Wasser nicht berühren, sondern nur vom Wasserdampf erhitzt werden. Die Zartbitterschokolade zuerst auf 45 °C schmelzen (mit einem Küchenthermometer kontrollieren). Dann auf 29 °C abkühlen lassen und folgend noch einmal auf 33 °C erhitzen.

Inzwischen in einer antihaftbeschichteten Pfanne die Haselnüsse ohne Fett rösten, danach fein hacken.

Die temperierte Schokolade in eine Pralinenform für kugelförmige Pralinen füllen und die flüssige Schokolade so darin ausklopfen, dass in allen Kugeln eine dünne Schokoladenwand entsteht. Die restliche Schokolade bei 33 °C warm halten. Die Schokoladenhalbkugeln im Kühlschrank abkühlen lassen.

Inzwischen die Vollmilchschokolade grob hacken und in eine feuerfeste Schüssel geben. In einem kleinen Topf die Sahne aufkochen und über die Schokolade geben. Mit dem Schneebesen so lange verrühren, bis eine homogene Ganache entsteht. Die gehackten Nüsse unterrühren und alles auf Zimmertemperatur abkühlen lassen.

Die Ganache-Nuss-Füllung in die vorbereiteten Pralinenhalbkugeln verteilen, dabei die Formen jeweils bis 1 mm unter den Rand füllen. Kalt stellen, bis die Füllung fest geworden ist.

Die restliche, weiterhin auf 33 °C temperierte Zartbitterschokolade auf die gefüllten Halbkugeln verteilen und die überschüssige Schokolade mit einem Spachtel abstreifen. Dann wiederum alles kalt stellen.

Nun die Halbkugeln aus der Form lösen. Jeweils eine Hälfte auf einem heißen Untergrund (dazu etwa eine antihaftbeschichtete Pfanne erhitzen) kurz schmelzen lassen und auf eine andere Hälfte pressen, somit verkleben. Erneut kalt stellen, bis die Pralinenhälften fest miteinander verbunden sind. Dann (am besten nicht alle auf einmal) genießen!

3 säuerliche Äpfel (etwa Braeburn)
370 ml Vollmilch
4 Eier, Größe M
200 g helle glutenfreie Mehlmischung
180 g Kokosblütenzucker
Mark von 1 Vanilleschote

FÜR DIE VANILLESAUCE
1 Vanilleschote
250 ml Vollmilch
25 g helle glutenfreie Mehlmischung
1 Eigelb, Ei Größe L
80 ml Ahornsirup

# Clafoutis mit Äpfeln & Vanillesauce

FÜR 4 PERSONEN

*Übrigens: Ganz klassisch kennt man Clafoutis auch mit Kirschen. Mit Rhabarber (etwa 300 g davon verwenden) sollten Sie ihn aber auch mal probieren!*

Den Backofen auf 180 °C (Umluft) vorheizen. Die Äpfel für den Clafoutis schälen, das Kerngehäuse entfernen und die Äpfel klein würfeln.

In einer großen Schüssel die Milch und die Eier verquirlen. In einer weiteren Schüssel Mehl, Kokosblütenzucker und Vanillemark vermengen. Die trockenen Zutaten zu den flüssigen geben und alles zu einem glatten Teig verrühren. Eine backofenfeste runde Form oder eine ofenfeste Pfanne mit Trennfettspray einsprühen. Die Äpfel darin gleichmäßig verteilen und den Teig darübergießen. Den Clafoutis 20–30 Minuten im Ofen backen.

Inzwischen für die Vanillesauce die Vanilleschote der Länge nach aufschneiden, das Mark herauskratzen. In einem kleinen Topf die Milch gemeinsam mit der Vanilleschote und dem Mark aufkochen.

In einer feuerfesten Schüssel Mehl, Eigelb und Sirup glatt rühren. Sobald die Milch kocht, diese vorsichtig in die Schüssel leeren und mit einem Schneebesen gut verrühren. Die Sauce zurück in den Topf leeren und cremig einkochen.

Die Vanillesauce abkühlen lassen und sofort zum noch warmen Clafoutis servieren.

250 g helle glutenfreie Mehlmischung,
plus mehr zum Bemehlen
120 g Butter, zimmerwarm,
plus etwas mehr zum Ausbuttern
100 g Kokosblütenzucker
1 Prise Salz
1 Ei, Größe L

FÜR DIE FÜLLUNG
500 g frische Aprikosen
50 g Honig
100 g Kokosblütenzucker
Erythritol-Puderzucker
zum Bestäuben

# Crostata mit Aprikosen

FÜR 1 TARTEFORM
(VON 26 CM DURCHMESSER)

*Übrigens: Wer keine Aprikosen mag,
kann auch gerne Kirschen, Zwetschgen
oder anderes Steinobst verwenden.*

Für den Tarteboden in einer Schüssel Mehl, Butter, Kokosblütenzucker und Salz miteinander vermengen, dabei mit den Fingerspitzen fein zerkrümeln. Dann mit den Händen das Ei rasch unterkneten, eine Kugel aus dem Teig formen. Diese fest in Frischhaltefolie wickeln und mindestens 1 Stunde kalt stellen.

Inzwischen für die Füllung die Aprikosen waschen, halbieren und entsteinen. Das Obst in etwa 1 × 1 cm große Würfel schneiden.

In einem kleinen Topf Honig, Kokosblütenzucker und 100 ml Wasser aufkochen lassen. Die Aprikosen dazugeben und in dem Zuckerwasser dick einkochen lassen.

Die Tarteform ausbuttern und bemehlen. Den Backofen auf 180 °C (Umluft) vorheizen.

Den Teig aus dem Kühlschrank nehmen und halbieren. Eine Hälfte wieder in den Kühlschrank legen. Die andere auf einer bemehlten Arbeitsfläche rundlich ausrollen und damit die Tarteform auslegen. Den Teig auch an den Rändern andrücken. Ein Stück Backpapier auflegen und Backbohnen darauf verteilen. Den Tarteboden im Ofen 10 Minuten blindbacken.

Die Tarteform herausnehmen und die Aprikosenmasse auf dem vorgebackenen Boden verteilen. Den restlichen Teig auf einer bemehlten Arbeitsfläche 2–4 mm dick ausrollen und in etwa 5 cm breite Streifen, jeweils 26 cm lang, schneiden. Die Teigstreifen kreuzweise über die Aprikosenmasse legen.

Die Tarte weitere 10–15 Minuten im Ofen backen. Anschließend herausnehmen und auskühlen lassen. Dann erst aus der Form lösen und großzügig mit Erythritol-Puderzucker bestäubt servieren.

FÜR DEN MÜRBETEIG
100 g kalte Butter, gewürfelt,
plus etwas mehr zum Ausbuttern
200 g helle glutenfreie Mehlmischung
50 g gemahlene Haselnusskerne
70 g Kokosblütenzucker
1 Ei, Größe L

FÜR DAS MANDELTOPPING
250 g gehobelte Mandeln
100 g Kokosblütenzucker
50 ml Ahornsirup
50 g Honig

200 g Zartbitterschokolade,
mit Kokosblütenzucker gesüßt

# Florentiner Schnitten

ERGIBT 20 STÜCK
(FORM ETWA 20 × 30 CM)

*Übrigens: Die Florentiner halten sich
luftdicht verschlossen und an einem kühlen
Ort aufbewahrt etwa 1 Woche frisch.
Sie lassen sich auch sehr schön als kleine
Küchengeschenke in etwas Stoff und mit
einer groben Schnur verpackt verschenken.*

Den Backofen auf 180 °C (Umluft) vorheizen. Die Backform ausbuttern.

Für den Teigboden in einer Schüssel das Mehl mit gemahlenen Haselnüssen, Kokosblütenzucker und Butterwürfeln krümelig mischen. Das geht am besten mit den Fingerspitzen. Dann mit den Händen das Ei rasch unterkneten, eine Kugel aus dem Teig formen. Diese fest in Frischhaltefolie wickeln und mindestens 1 Stunde kalt stellen.

Inzwischen für das Mandeltopping in einer antihaftbeschichteten Pfanne ohne Fett die gehobelten Mandeln rösten und dann abkühlen lassen.

Den Teig auf einer bemehlten Arbeitsfläche so groß wie die gewählte Backform ausrollen, in die Form heben und den Teig im Ofen 10 Minuten backen.

In einem Topf Kokosblütenzucker, Ahornsirup, Honig und 50 ml Wasser aufkochen, dann noch 2–3 Minuten köcheln lassen. Die gerösteten Mandeln durch Rühren untermischen. Diese Florentinermasse auf den noch heißen, fertig gebackenen Teig gleichmäßig verstreichen. Die Florentiner weitere 10 Minuten im Ofen backen.

Danach erst vollkommen auskühlen lassen und dann mit einem scharfen Messer in Dreiecke schneiden.

Inzwischen die Zartbitterschokolade grob hacken und in einer Stahlschüssel über einem Wasserbad schmelzen. Dabei sollte die Schüssel das Wasser nicht berühren, sondern nur vom Wasserdampf erhitzt werden. Die Florentiner bis zur Hälfte in die Schokolade eintunken und auf einem mit Backpapier ausgelegten Blech abkühlen lassen.

125 g weiche Butter
Mark von 1 Vanilleschote
200 g Kokosblütenzucker
3 Eier, Größe M
250 g helle glutenfreie
Mehlmischung
2 TL Weinsteinbackpulver

100 ml Buttermilch
200 g frische Himbeeren,
plus einige zum Garnieren

FÜR DIE GLASUR
1 Bund Basilikum
50 g flüssiger Honig

FÜR DAS TOPPING
50 g Himbeeren
500 g Mascarpone
100 g weiche Butter
250 g Erythritol-Puderzucker

# Beerencupcakes mit Himbeertopping & Basilikum-Honig-Glasur

ERGIBT 12 STÜCK

*Übrigens: Sind Topping und Glasur erst einmal auf den Cupcakes arrangiert, sollten sie auch gleich verspeist werden, denn das Topping verträgt wärmere Temperaturen nicht so gut. Ich empfehle, alles vorzubereiten (die einzelnen Komponenten lassen sich auch 1 Tag im Voraus zubereiten) und dann erst bei Bedarf anzurichten.*

Für die Cupcakes in einer Schüssel Butter, Vanillemark und Kokosblütenzucker mit dem elektrischen Handrührgerät schaumig rühren. Die Eier nach und nach unterrühren.

Den Backofen auf 180 °C (Umluft) vorheizen.

In einer weiteren Schüssel das Mehl mit dem Backpulver vermischen, gemeinsam sieben und unter die Butter-Zucker-Mischung rühren. Die Buttermilch dazugeben.

Die Himbeeren vorsichtig säubern, trocken tupfen und mit etwas Mehl bestäuben. Dann etwa 200 g davon sanft unter den Teig heben.

Eine Muffinform mit Papierförmchen auskleiden und diese zu zwei Dritteln mit dem Teig füllen. Die Cupcakes im Ofen etwa 15 Minuten backen. Zur Garprobe ein Holzstäbchen einstechen. Wenn kein Teig mehr am Stäbchen kleben bleibt, sind die Cupcakes fertig.

Inzwischen für die Glasur das Basilikum waschen, trocken schütteln und die Blätter abzupfen. Gemeinsam mit dem Honig in einen hohen Mixbehälter geben und mit dem Stabmixer fein pürieren.

Für das Topping in einem weiteren Mixbehälter die restlichen Himbeeren (50 g) mit dem Stabmixer pürieren und durch ein feines Sieb drücken. In einer Schüssel Mascarpone, Butter und Erythritol-Puderzucker verrühren. Das Himbeerpüree unterheben.

Die Toppingmasse in einen Spritzbeutel mit großer Tülle füllen und spiralförmig auf die ausgekühlten Cupcakes spritzen. Abwechselnd Basilikum-Honig-Glasur oder ganze Himbeeren auf das Topping geben.

250 g helle glutenfreie Mehlmischung,
plus etwas mehr zum Bemehlen
125 g weiche Butter,
plus etwas mehr zum Ausbuttern
150 g Kokosblütenzucker
1 Prise Salz
1 Ei, Größe L

FÜR DEN LEMONCURD
180 ml Zitronensaft
180 g Erythritol-Puderzucker
3 Eier, Größe M
3 Eigelb, Größe L
Abrieb von 3 unbehandelten Zitronen
3 g Agar-Agar
250 g kalte Butter

FÜR DIE ZITRONENBUTTER-
CREME
180 g Honig
100 g Eiweiß, Eier Größe L
250 g weiche Butter
4–6 EL Lemoncurd

# Lemoncurdtarte

FÜR EINE TARTEFORM
(26 CM DURCHMESSER)

*Übrigens: Ich koche gern nach Geschmack,
Duft und Laune. Mal wird ein Gericht
dann etwas schärfer oder gehaltvoller.
Trotzdem sind bei manchen Rezepten ge-
naue Mengenangaben unerlässlich, so etwa
hier die 100 g Eiweiß. Ich verwende nur
Eier Größe L und brauche für etwa 100 g
Eiweiß 3 Eier.*

Für den Teigboden in einer Schüssel das Mehl mit Butter, Kokosblütenzucker
und Salz krümelig mischen. Das geht am besten mit den Fingerspitzen.
Dann mit den Händen das Ei rasch unterkneten, eine Kugel aus dem Teig formen. Diese fest in Frischhaltefolie wickeln und mindestens 1 Stunde kalt
stellen. Inzwischen für den Lemoncurd in einem kleinen Topf Zitronensaft,
Puderzucker, Eier, Eigelb, Zitronenabrieb und Agar-Agar unter ständigem
Rühren aufkochen. Die kalte Butter in kleine Stücke schneiden. Sobald die
Creme dickflüssig wird, den Topf vom Herd ziehen. Die kalten Butterstücke
nacheinander mit einem Schneebesen unter die Creme rühren. Dann die Creme
direkt auf der Oberfläche mit Frischhaltefolie belegen, damit keine Haut
entsteht. Den Lemoncurd komplett auskühlen lassen.

Den Backofen auf 180 °C (Umluft) vorheizen, die Tarteform ausbuttern und
bemehlen.

Auf einer bemehlten Arbeitsfläche den Teig rundlich ausrollen und damit die
Form auslegen. Auch gut am Rand andrücken und den Boden mit einer Gabel
mehrmals einstechen. Auf den Teigboden ein Stück Backpapier legen, Backbohnen darauf verteilen. Den Tarteboden im Ofen 10–12 Minuten blindbacken.
Anschließend die Form herausnehmen und den Boden auskühlen lassen.

Von der Lemoncurdmasse 4–6 EL für die Zitronenbuttercreme abnehmen und
beiseitestellen. Den Lemoncurd auf dem komplett ausgekühlten Tarteboden
gleichmäßig verteilen, dann im Kühlschrank fest werden lassen.

Inzwischen für die Zitronenbuttercreme in einem kleinen Topf den Honig mit
60 ml Wasser aufkochen und auf 115 °C bringen (mit einem Zuckerthermometer kontrollieren). Wenn diese Temperatur erreicht ist, in einer feuerfesten

Schüssel (am besten einen Schlagkessel aus Edelstahl verwenden) das Eiweiß mit einem elektrischen Handrührgerät steif schlagen. Sobald die Temperatur des Honigsirups 118 °C erreicht, diesen zügig und unter ständigem Rühren bei mittlerer Stufe in den Eischnee geben. Den Eischnee weiter auf mittlerer Stufe schlagen, bis der Kessel abgekühlt ist. Dann die weiche Butter und den beiseitegestellten Lemoncurd unterrühren. Die Buttercreme auf der Tarte verstreichen.

Dabei werden Reste bleiben, diese in einen Spritzbeutel geben und damit die Tarte dekorieren. Auch eignen sich Zitronenfilets oder Limettenzesten gut zur Dekoration.

FÜR DIE CHEESECAKEFÜLLUNG
250 g Cashewkerne
250 g Brombeerpüree, alternativ
250 g frische Brombeeren pürieren
2 g Agar-Agar
100 g Kokosöl
100 g Reissirup
50−100 ml Sojasahne

FÜR DEN TORTENBODEN
100 g gemahlene Mandeln
50 g gemahlene Haselnusskerne
70 g flüssiges Kokosöl

FÜR DIE GARNITUR
frische Brombeeren
Blüten, etwa Apfelblüten
oder Hortensienblüten
(Letztere nur als Deko, nicht essbar)
Sojasahne, nach Belieben
Sahnesteif, nach Belieben

# Vegane Brombeer-Cheesecake-Kühlschranktorte

FÜR 1 SPRINGFORM (18 CM DURCHMESSER),
AM VORTAG BEGINNEN

*Übrigens: Alternativ für die Torte Sojasahne, je nach Produkt mithilfe von Sahnesteif, aufschlagen und in einen Spritzbeutel geben. Mit großer Tülle die Sahne am Rand von oben nach unten wellenförmig an die Torte spritzen.*

Für die Cheesecakefüllung in einer kleinen Schüssel die Cashewkerne mit Wasser bedecken und darin über Nacht einweichen.

Am Folgetag für den Tortenboden in einer Schüssel Mandeln, Haselnüsse und Kokosöl vermischen.

Den Boden der Springform mit Backpapier auslegen, den Rand darüber verschließen. Die Mischung für den Kuchenboden gleichmäßig darauf verteilen und mit den Händen andrücken. Im Kühlschrank in mindestens 2 Stunden fest werden lassen.

Inzwischen für die Cheesecakefüllung in einem kleinen Topf das Brombeer-püree mit dem Agar-Agar aufkochen und unter ständigem Rühren 1−2 Minuten köcheln lassen.

Die Cashewkerne abtropfen lassen. Die Kerne gemeinsam mit Kokosöl, Reis-sirup und Sojasahne in einen hohen Mixbehälter geben und mit dem Stabmixer zu einer glatten Masse pürieren.

Nun das noch leicht warme Brombeerpüree untermixen und die Masse in die Kuchenform leeren.

Die Torte im Kühlschrank in etwa 3 Stunden fest werden lassen.

Vor dem Servieren nach Belieben mit frischen Beeren und essbaren Blüten dekorieren.

FÜR DEN BISKUITBODEN
300 g Kokosblütenzucker
300 g gemahlene Haselnüsse
8 Eier, Größe M
60 g Butter
200 g Eiweiß
80 g glutenfreie helle Mehlmischung
3 EL Kakaopulver

FÜR DIE BUTTERCREME
150 g Honig
190 g Erythritol
200 g Eiweiß
500 g weiche Butter
3 EL Haselnusspaste (ohne Zucker)

3 Birnen, etwa Williams Christ
Haselnusskerne, geröstet und gehackt

# Birnen-Haselnuss-Torte

ERGIBT EINE TORTE
(24 CM DURCHMESSER)

Für den Biskuitboden in einer Rührschüssel den Kokosblütenzucker und die gemahlenen Haselnüsse mischen. Mit einem Handrührgerät oder einer Küchenmaschine nach und nach die Eier unterrühren. Sobald alle Eier eingearbeitet sind, bei stärkster Stufe 15 Minuten schaumig schlagen.

Inzwischen in einem kleinen Topf die Butter schmelzen und abkühlen lassen. In einem Schlagkessel aus Stahl das Eiweiß schaumig aufschlagen.

Wenn der Teig 15 Minuten gerührt wurde, die erkaltete flüssige Butter unterrühren. Dann mit einem Schneebesen ein Drittel des Eischnees unterheben. Das Mehl vorsichtig unter den Teig ziehen, dann den restlichen Eischnee unterheben. Den Teig dabei auf keinen Fall rühren; er sollte fluffig bleiben.

Den Backofen auf 180 °C (Umluft) vorheizen. Ein Backblech mit Backpapier auslegen. Drei Springformen (24 cm Durchmesser) mit Trennfettspray einfetten.

Den Teig in 3 Schüsseln aufteilen. Den ersten Teil mit 2 EL Kakaopulver vermengen, das zweite Drittel mit 1 EL Kakaopulver. Dabei vorsichtig unterheben.

Die drei Teige in die vorbereiteten Springformen geben und im Ofen etwa 20 Minuten backen. Zur Garprobe ein Holzstäbchen einstechen. Wenn kein Teig mehr am Stäbchen kleben bleibt, sind die Biskuitböden fertig.

Inzwischen für die Buttercreme in einem kleinen Topf den Honig und das Erythritol mit 120 ml Wasser aufkochen und auf 115 °C bringen (mit einem Zuckerthermometer kontrollieren). Wenn diese Temperatur erreicht ist, in einer feuerfesten Schüssel (am besten einen Schlagkessel aus Edelstahl verwenden) das Eiweiß mit einem elektrischen Handrührgerät steif schlagen. Sobald die Temperatur des Honigsirups 118 °C erreicht, diesen zügig und unter ständigem Rühren bei mittlerer Stufe in den Eischnee geben. Den Eischnee auf mittlerer Stufe weitere 5 Minuten schlagen, bis der Kessel handwarm ist. Dann die weiche Butter unterrühren und alles weitere 10 Minuten aufschlagen. Abschließend die Haselnusspaste gleichmäßig einarbeiten, die Buttercreme beiseitestellen.

Zwei Birnen schälen, halbieren, entkernen und in 1 cm große Würfel schneiden.

Die restliche Birne der Länge nach in sehr dünne Scheiben schneiden oder hobeln und im Ofen bei 100 °C auf dem vorbereiteten Blech in 30–45 Minuten knusprig backen.

Zum Schichten den dunkelsten Teig nach unten in einen Tortenring legen. Mit etwa 5 EL der Buttercreme bestreichen und die Hälfte der Birnenwürfel darauf verteilen. Den mittelbraunen Boden (mit 1 EL Kakaopulver) auf die Creme legen und leicht andrücken. Wieder etwa 5 EL Buttercreme auf dem Boden verstreichen und die restlichen Birnenwürfel darauf verteilen. Den hellen Biskuitboden auf die Creme legen und leicht andrücken. Im Kühlschrank 1 Stunde kühlen.

Anschließend die Torte vorsichtig aus dem Tortenring lösen und mithilfe einer Palette die Torte mit der Buttercreme bestreichen. Die restliche Creme in einen Spritzbeutel mit Sterntülle geben und halbmondförmige Tupfen auf der Torte verteilen. Mit den Birnenchips und Haselnüssen dekorieren.

Die Torte vor dem Servieren 1 Stunde bei Raumtemperatur ruhen lassen.

# Basics

*Jeder Koch is(s)t so gut wie seine Saucen.*

# Béchamelsauce

ERGIBT ETWA 600 ML

1 Zwiebel
50 g Butter
50 g helle glutenfreie Mehlmischung
500 ml Vollmilch
Salz
frisch gemahlener schwarzer Pfeffer
frisch geriebene Muskatnuss

Die Zwiebel schälen und fein hacken. In einem kleinen Topf gemeinsam mit der Butter sanft dünsten.

Das Mehl einstreuen und mit einem Schneebesen zügig einrühren. Dann die Hälfte der Milch dazugeben und schnell glatt rühren. Den Rest der Milch dazugeben und cremig einkochen lassen, dabei von Zeit zu Zeit rühren. Abschließend mit Salz, Pfeffer und Muskatnuss abschmecken.

Die Béchamelsauce schmeckt am besten frisch zubereitet. Sie hält sich aber auch in sterilen Einmachgläsern im Kühlschrank 3–5 Tage.

*Übrigens: Von einer herkömmlichen Béchamelsauce, die Gluten enthält, kaum zu unterscheiden. So muss es sein!*

# BBQ-Sauce

ERGIBT ETWA 300 ML

2 rote Zwiebeln
Olivenöl
200 g Kokosblütenzucker
400 g geschälte Tomaten (Dose)
200 ml frisch gebrühter Kaffee
Salz
frisch gemahlener schwarzer Pfeffer
geräuchertes Paprikapulver,
nach Belieben

Die Zwiebeln schälen und klein schneiden. In einer kleinen Pfanne in nicht zu wenig Olivenöl (etwa 3 EL) glasig dünsten.

Den Kokosblütenzucker darüberstreuen und die Zwiebeln unter Rühren leicht karamellisieren lassen.

Die Tomaten inklusive Saft dazugeben und alles bei geringer Temperatur etwa 1 Stunde einkochen lassen. Dabei die Tomaten von Zeit zu Zeit mit einem Holzlöffel kleiner stampfen.

Den Kaffee dazugeben und die Sauce mit Salz, Pfeffer und, nach Belieben, geräuchertem Paprikapulver abschmecken.

Die Sauce in einen Mixbehälter geben und mit einem Stabmixer pürieren. Dann durch ein feines Sieb streichen. Abschließend in kleine sterile Einmachgläser abfüllen. Die BBQ-Sauce hält sich im Kühlschrank etwa 2 Wochen; geöffnete Gläser innerhalb von wenigen Tagen verbrauchen.

*Übrigens: Man kann es kaum glauben, aber selbst eine BBQ-Sauce ist ohne Industriezucker ganz einfach zuzubereiten. Der Kaffee gibt dem Ganzen seine besondere Note.*

# Ketchup

ERGIBT ETWA 300 ML

1 große weiße Zwiebel
Olivenöl
200 g Kokosblütenzucker
100 ml Ahornsirup
500 g geschälte Tomaten (Dose)
2 g Xanthan, nach Belieben
Saft von 1 Zitrone
Salz
frisch gemahlener schwarzer Pfeffer

Die Zwiebel schälen und grob hacken. In einem Topf gemeinsam mit nicht zu wenig Olivenöl (etwa 3 EL), dem Kokosblütenzucker und dem Ahornsirup karamellisieren.

Die Tomaten inklusive Saft hinzufügen und nach Belieben das Xanthanpulver gut unterrühren. Das Ganze auf die Hälfte einkochen lassen.

Abschließend den Zitronensaft untermischen; er wirkt als natürlicher Geschmacksverstärker. Mit Salz und Pfeffer abschmecken, dann vollständig auskühlen lassen. In eine sterile Flasche umfüllen. Im Kühlschrank hält sich der Ketchup ungeöffnet bis zu 4 Wochen, geöffnet jedoch innerhalb von 1 Woche verbrauchen.

*Übrigens: Ein Leben ohne Ketchup ist für manche Menschen undenkbar, daher kommt hier von mir eine leckere Variante ohne raffinierten Zucker. Der süße Klassiker der Fast-Food-Industrie mal anders!*

# Vegane Mayonnaise

ERGIBT JEWEILS ETWA 200 ML

... MIT TOFU
150 g Seidentofu
50 ml Rapsöl
etwas Saft von 1 Zitrone
Salz
frisch gemahlener Pfeffer

... MIT AVOCADO
2 Avocados
Wasser
Olivenöl
etwas Saft von 1 Zitrone
Salz
frisch gemahlener schwarzer Pfeffer

Die Hälfte des Seidentofus in einen Hochleistungsmixer geben und einschalten. Alternativ in einem hohen Mixbehälter mindestens 5 Minuten mit einem Stabmixer pürieren.

Das Öl in einem dünnen Strahl während des Mixens einlaufen lassen, bis eine dicke, cremige Konsistenz erreicht ist. Mit Zitronensaft, Salz und Pfeffer abschmecken.

*Übrigens: Beide Varianten sind super lecker. Die Avocadomayonnaise mag ich sehr gerne auf Broten oder Sandwiches. Die Seidentofumayonnaise nutze ich lieber für Kartoffeln oder Dips.*

Die Avocados halbieren, entkernen und das Fleisch in einen Mixer geben oder mit einem Stabmixer arbeiten.

Während des Püriervorgangs das Wasser langsam dazugeben, bis eine cremige Konsistenz entstanden ist. Etwas Olivenöl nach Belieben untermischen. Mit Zitronensaft, Salz und Pfeffer abschmecken.

*Übrigens: Wenn man den Kern der Avocado entfernt und die Farbe des Fleisches darunter hellgrün ist, hat die Frucht den perfekten Reifegrad für dieses Rezept.*

# Pesto

ERGIBT ETWA 300 ML

2 Bund (à etwa 70 g) Basilikum
½ unbehandelte Zitrone
20 g Pinienkerne
2–3 Sardellenfilets
etwa 200 ml Olivenöl
100 g frisch geriebener Parmesan
1–2 EL Honig
Salz
frisch gemahlener Pfeffer

Das Basilikum waschen, trocken schütteln und die Blätter abzupfen. Die Zitronenhälfte auspressen, die Schale abreiben. Die Basilikumblätter gemeinsam mit dem Zitronenabrieb und -saft sowie allen weiteren Zutaten in einem Mixer oder mit dem Stabmixer fein pürieren. Das Pesto mit Salz und Pfeffer abschmecken.

In einen sterilen Behälter umfüllen, nach Benutzung jeweils obenauf mit einer Schicht Olivenöl bedecken, denn so bleibt das Pesto vor Keimen geschützt. Im Kühlschrank hält es sich etwa 1 Woche.

*Übrigens: Wer keine Pinienkerne mag oder nicht verträgt, kann natürlich auch Haselnuss-, Walnusskerne oder Mandeln verwenden. Dieses Grundrezept lässt sich auch mit anderen Kombinationen oder anderen Kräutern herstellen. Köstlich schmecken etwa auch Minze, Petersilie oder Rucola. Nicht ganz so typisch italienisch, aber trotzdem gut, ist ein Pesto aus rotem Basilikum.*

# Gemüsebrühe

ERGIBT 1½ LITER

300 g Knollensellerie
200 g Karotten
100 g Pastinaken
1 Lauchstange
4 Schalotten
Salz

Das Wurzelgemüse schälen und grob würfeln. Die Lauchstange halbieren, waschen und in 1 cm breite Stücke schneiden. Die Schalotten halbieren und schälen. Das gesamte Gemüse in einen Topf ohne Fett geben und darin bei hoher Temperatur rösten. Der Topfboden darf dabei ruhig etwas bräunen. Das dauert 10–15 Minuten.

Mit 2½ l Wasser auffüllen, den Deckel auflegen und die Brühe etwa 30 Minuten köcheln lassen. Mit Salz abschmecken.

Die Gemüsebrühe hält sich 1 Woche abgedeckt im Kühlschrank.

# Sous-vide-Garen

UTENSILIEN
großer Topf
hitzebeständige Gefrierbeutel
mit Zipper
Küchenthermometer
2–3 Wäscheklammern

Den Topf zu drei Viertel mit Wasser füllen und dieses erhitzen. Das Wasser muss über einen längeren Zeitraum beständig dieselbe Temperatur halten. Also erst mal sprudelnd aufkochen lassen und dann etwa 20 Minuten köcheln lassen.

Dabei mit dem Küchenthermometer die Temperatur kontrollieren und schon mal ausprobieren, bei welcher Herdeinstellung sie möglichst konstant bei 53–54 °C bleibt. Die Temperatur darf maximal zwischen 1–2 °C schwanken.

Inzwischen das Fleisch oder den Fisch in den oder die Gefrierbeutel legen. Nach Belieben gleich Salz, Pfeffer, Öl, Kräuter, Knoblauch oder Marinaden dazugeben. Diese Aromen werden sich bei dieser Methode schön intensiv in das Gargut einfügen. So gut wie möglich die Luft aus den Beuteln herausdrücken und den Zipper verschließen. Nach Belieben zum Beschweren noch einen Löffel oder Ähnliches in den Beutel legen.

Den Beutel in das Wasserbad geben und am Topfrand mit den Wäscheklammern befestigen. Die Garzeit variiert natürlich je nach Gewicht des Garguts. Als Richtwert kann man aber sagen, dass in etwa 1 Stunde 200 g (Filet-) Fleisch bei einer (ziemlich) konstanten Wassertemperatur von 54 °C etwa medium gart. Bei Fisch kommt es noch mehr auf die Konsistenz an; fester Fisch wie Seeteufel gart fast wie Fleisch. Gemüse benötigt eine höhere Temperatur, bis zu 90 °C.

Nach dem Sous-vide-Garen ist das Gargut wunderbar zart und sehr aromatisch. Damit die Röstaromen nicht fehlen, brate ich gern alles vor dem Servieren noch mal kurz und kräftig von allen Seiten an.

*Übrigens: Heute bin ich stolze Besitzerin eines Sous-vide-Geräts — auch wenn finanzielle und räumliche Gründe dagegensprechen mögen, lohnt sich die Anschaffung auf jeden Fall. Als ich noch kein Sous-vide-Gerät hatte, musste ich ein bisschen tricksen. Diese Alternative funktioniert mit ein wenig Geduld einwandfrei.*

# Register

Ketchup | 182
Lasagne, offene, mit Tomaten-
sauce, Ricotta & Spinat | 74
Schakschuka mit Eiern &
Pimientos de Padrón | 62
Tomatenrisotto mit Chorizo &
karamellisierten Cocktail-
tomaten | 95
Variation von der Tomate mit
Büffelmozzarella | 73
Topinambur
Kabeljau mit Zweierlei vom
Apfel, Topinamburstampf &
Cidresauce | 40

## V

Vanille-Venere-Risotto mit
Riesengarnelen | 46
Variation von der Tomate mit
Büffelmozzarella | 73
vegane Gerichte
Brombeer-Cheesecake-Kühl-
schranktorte, vegane | 174
Mayonnaise, Vegane | 182
Polentasticks mit veganer
Mayonnaise | 32
Pulled-Pilz-Sandwich, veganes,
mit Avocado-Chili-Creme | 17
Schokokuchen, veganer,
mit versunkener Birne | 140
Schokomousse, vegane,
mit Topping | 125

## W

Wachtel | siehe Fleisch und Wurst
Waffelteige
Waffelhörnchen, mit Schokomousse
gefüllte | 122
Waffelsandwich, gegrilltes,
mit Mozzarella, Tomaten &
Rucolapesto | 12
Weintrauben
Wachtel, gebratene, mit
Traube & Knoblauch | 106

## X

Xanthan | 8–9, 36
Kartoffelrösti mit wachsweichen
Eiern & Wildkräutersalat | 36
Ketchup | 182

## Z

Zitronen
Kebab mit lauwarmem Karotten-
salat & Zitronen-Joghurt-Dip | 31
Ketchup | 182
Lemoncurdtarte | 170
Quinoa-Taboulé mit gegrilltem
Thunfisch & Limettenjoghurt | 39
Zuckerersatz | 9, siehe auch
Kokosblütenzucker
Zwiebeln
Rote-Bete-Risotto mit
Jakobsmuscheln, Pancetta &
Zwiebelcreme | 42

# Danke

Ich möchte Danke sagen an meine Liebsten um mich herum, die immer an mich geglaubt haben und von vornherein wussten, dass ich irgendwann den Weg des Kochens & Backens gehen werde.

Ich bin unglaublich dankbar, dass mich Martin Brinkmann entdeckt und zum Knesebeck Verlag gebracht hat. Vielen Dank auch für die Mühe & Geduld an das ganze Knesebeck-Verlagsteam.

Ein weiterer großer Dank gilt Antonio De Luca und Alexander Stertzik, welche mir bei den Shootings für das Buch geholfen haben. Und zu guter Letzt danke ich meinen Eltern, die mich stets auf meinem Weg unterstützt haben.

Deutsche Originalausgabe
Copyright © 2018 von dem Knesebeck GmbH & Co. Verlag KG, München
Ein Unternehmen der La Martinière Groupe

Alle Fotografien in diesem Buch © Luisa Zerbo, außer:
Seite 98: © Antonio de Luca
Seite 154–155: © Alexander Stertzik

Text und Rezepte © Luisa Zerbo

Projektleitung: Susanne Caesar, Knesebeck Verlag
Lektorat: Text-Genuss, Annika Genning, München
Gestaltungskonzept, Layout und Satz: Leonore Höfer, Knesebeck Verlag
Umschlaggestaltung: Leonore Höfer, Knesebeck Verlag unter
Verwendung einer Illustration von Felicitas Horstschäfer
Litografie: Repro Ludwig, Zell am See
Herstellung: Arnold & Domnick, Leipzig
Druck: PNB Print Ltd
Printed in Latvia

ISBN 978-3-95728-096-1

www.knesebeck-verlag.de